I0448328

AFRONTAMIENTO, SALUD E HISTORIAS DE VIDA DE TRABAJADORES EN SITUACIONES DE MOBBING Y ESTRÉS LABORAL

Memoria de Licenciatura para la obtención de Suficiencia Investigadora.

Yojana Pavón Bonilla
Dirigida por: Dra. Yolanda García.

Departamento de Personalidad, Evaluación y Tratamientos Psicológicos II.
(*Psicología Diferencial y Psicología del Trabajo*)

A los que tuvieron confianza
A los que no apostaron;
.. y por qué no..,también a los que les resultó indiferente.
Y.. ante todo..Gracias, Mamá

" Lo importante en cualquier avance social es el paso de la idea a la acción,
lo que conlleva la necesaria reflexión y compromiso por alcanzar, en el mundo laboral
la utopía: un ser humano que no humille a su semejante.

Algunas personas creyeron que alcanzarla era posible y se movieron a ellos otros, y así sucesivamente hasta
que fueron tan numerosos que consiguieron ser solidarios, y la utopía estaba cada vez más cerca."

(C Sánchez, FJ, Vadello ; R. Rodríguez. "¿Cómo empezó todo?".
Lan Harremanak 7, vol II ,2002)

AGRADECIMIENTOS

La elaboración final de este trabajo se debe en gran medida a mi directora de tesina doctoral, *Yolanda García*, a la cual, me gustaría poder agradecerle, aunque solo sea con estas líneas, el apoyo, comprensión , esfuerzo y dedicación en todas y cada una de sus orientaciones sistemáticas, alguna que otra vez en lugares y horarios inusuales. Sin su fe y confianza en este proyecto, hubiera sido prácticamente imposible, sacarlo adelante.

Agradecimiento muy especial a la sección sindical de CC. OO dentro de la empresa de servicios informáticos ATOS ORIGIN, y más en particular a J. María Guzmán y su equipo de trabajo, que confiaron y se entusiasmaron desde el principio con el proyecto, facilitando al máximo el acceso a sus recursos.

También, a los que volví a reencontrar en momentos difíciles, Jesús Valverde y José Miguel Marinas, ya que su estimulación   y su visión del mundo y del comportamiento humano , me insufló de ideas luz en los períodos de oscuridad metodológica.

.... Por supuesto, a los que fueron protagonistas del inicio de este proyecto en México; a todos   los profesionales sanitarios mexicanos que compartieron experiencias conmigo y forjaron el inicio, ya que sirvieron de guía para la elaboración de lo que posteriormente fue este proyecto hace ya casi 3 años

Y por último y más importante, a todos los que incondicionalmente han sufrido conmigo las arduas desdichas de estos 3 años: a mis padres y hermanos.

JUSTIFICACIÓN PERSONAL

Durante mi estancia predoctoral en México D. F, colaboré directamente en el ámbito de la psicología clínica con distintos centros de Salud Mental ,especializándome en la atención a mujeres víctimas de violencia doméstica. Profundicé aun más mi actividad, desplazándome a comisarías de las delegaciones de la ciudad que me parecieron más conflictivas para prestar atención primaria y contención en crisis a las mujeres que en primera mano solicitaban la petición de denuncias, protección legal u órdenes de alejamiento.

Fueron muchas las historias que pasaron por consulta, teniendo en la mayoría de ellas muchos puntos en común. Centrándonos en justamente esos puntos, observé que la violencia doméstica en las mujeres seguía patrones cíclicos y que en la mayoría de los casos se repetía la misma violencia a manos de sus parejas que una vez se repitió con sus padres o familiares en la época de la niñez o juventud. Y aún más, también esa violencia o predisposición a ser víctima de abusos se repetía en el ámbito laboral. Es por ello que empecé a tener en cuenta la posibilidad de que a través las pautas de aprendizaje y de adaptación a las situaciones hostiles que pasaban a lo largo de su historia de vida, podrían existir ciertos patrones de personalidad más vulnerables que otros para sufrir abusos u hostigamientos morales en el trabajo. Gracias a la tutorización de profesionales dentro de la Universidad Anáhuac (Edo de México) y a la Universidad Nacional Autónoma de México, pude establecer las bases teóricas que posteriormente trabajaría , y desarrollaría en España y más en concreto , dejando a un lado el ámbito clínico , y centrándome en la psicología laboral.

Como bien se encuentra en la bibliografía que tipifica a las víctimas de mobbing, sí que encontramos algunas de ellas con cierta predisposición o vulnerabilidad a padecer este tipo de situaciones. Es justamente en ellas donde se tendría que acotar un buen programa de intervención psicológica que permita identificar esos focos de vulnerabilidad, y trabajar sobre ellos para poder permitir una mejor adaptación a situaciones conflictivas, tomando conciencia de sus derechos como trabajador y que le permita obtener una mayor satisfacción personal.

Hace ya más de dos años, durante mi estancia mexicana escribí que quizá empezaba un largo viaje de desarrollo personal a la par que profesional. Viaje que aún continúa, y que sin lugar a dudas, las bases de este proyecto de investigación se pusieron hace ya algunos años en la Ciudad de México.

En Madrid a 15 de Agosto de 2005.

INDICE.

I.   PARTE TEÓRICA

1.NORMATIVA SOBRE PREVENCIÓN DE LOS RIESGOS LABORALES.

2.SALUD LABORAL Y ESTRÉS.
    2.1.-Estrés laboral
    2.2.- Distintas teorías sobre estrés laboral.
    2.3.- El "mobbing" como caso especial de estrés laboral

3. LOS ESTUDIOS SOBRE MOBBING: ORIGEN Y EVOLUCIÓN EN EUROPA Y ESPAÑA.
    3.1.-El concepto de mobbing
    3.2.- Modelos integradores de intervención.
    3.3.- El mobbing dentro de la normativa legal europea sobre prevención laboral.
    3.4.- La situación de mobbing laboral en España

4. PERSONALIDAD, SÍNTOMAS DE SALUD Y AFRONTAMIENTO EN SITUACIONES DE MOBBING .
    4.1.- Tipologías de personalidad de víctimas y acosadores.
    4.2.- Síntomas de salud en casos de mobbing
    4.3.- Modos de afrontamiento ante la situación de mobbing.
    4.4.- El problema de los instrumentos de medida en el estudio de mobbing
    4.5.- Modelos integradores de intervención en el mobbing.

II. ESTUDIO EMPÍRICO.

1.PLANTEAMIENTO DEL PROBLEMA. HIPÓTESIS DE TRABAJO.

2.METODOLOGÍA
    2.1.-Participantes.
    2.2.- Instrumentos de medida.
    2.3.- Procedimiento.

3.RESULTADOS.
    3.1.- Índices psicométricos del instrumento: fiabilidad y validez
    3.2.- Predicciones y resultados obtenidos

4.CONCLUSIÓN.

5.LIMITACIONES Y PERSPECTIVAS FUTURAS.

6. ANEXOS.

7. REFERENCIAS

1.   NORMATIVA SOBRE LA PREVENCIÓN DE RIESGOS LABORALES

. Los riesgos psicosociales se han definido por la Organización Internacional de Trabajadores (OIT) como " las interacciones entre el contenido , la organización y la gestión del trabajo y las condiciones ambientales, por un lado, y las funciones y necesidades de los trabajadores por otro". Estas interacciones pueden ejercer una influencia nociva para la salud del trabajador , a través de sus propias percepciones y experiencias. Los factores de riesgos psicosocial, están por tanto, encaminados a alcanzar un bienestar personal y social del trabajador así como una calidad en el empleo, desmarcándose así de la clásica perspectiva de la seguridad y salud en el trabajo, que tan solo persigue evitar accidentes y enfermedades profesionales. Desde mediados de los noventa (ley 31/1995 de prevención de riesgos laborales y ley 39/1997 sobre los Servicios de Prevención e riesgos laborales) se viene haciendo hincapié en la prevención laboral , dentro de un marco legislativo de los posibles riesgos en el entorno laboral, así como la importancia de integrar este enfoque en la actividad productiva de la empresa .Tradicionalmente se ha considerado un factor de riesgo derivado del contexto de organización de la empresa el *tipo de trabajo en equipo y las relaciones con los supervisores del trabajo*, si en estas situaciones se da estrés y/o violencia psicológica dentro de la organización empresarial .En la modificación de la ley 31/1995y en su artículo 36, se consideran:

" *Son infracciones laborales en materia de prevención de riesgos* **laborales las acciones u omisiones de los empresarios**, *las de las entidades que actúen como Servicios de Prevención, las auditorias y las formas en dicha materia y ajenas a las empresas, así como las de los promotores y propietarios de obra que trabajan por cuenta propia que incumplan las normas legales, reglamentarias y cláusulas normativas de los convenios Colectivos* **en materia de seguridad y salud laboral, sujetos a responsabilidad conforme a la presente ley"**

Se otorga por tanto, importancia a las conductas de los empresarios hacia sus empleados, y sobre todo en materia de salud laboral. El propiciar un ambiente relajado y distendido que produzca motivación en el trabajo es de vital importancia. Cualquier ambiente estresante en el entorno laboral es reconocido como patógeno de salud en el mismo. Dentro de la responsabilidad empresarial, en la ley 54/2003 que reforma el marco normativo de la prevención de riesgos laborales , se estipulan las infracciones y sanciones en el Orden Social, en cuanto a las responsabilidades empresariales establecidas en el párrafo anterior. Siguiendo los pasos de la

Comunidad Europea, en donde empieza a crecer un alto interés por conocer el fondo de la problemática en casos de "mobbing", la Comisión de Política Social y de Empleo del Congreso de los Diputados, en la sesión de 11/2001, a propuesta del PSOE aprueba una proposición no de ley sobre el acoso moral en el trabajo instando a : aprobar actuaciones necesarias y modificaciones a normativas pertinentes, establecimiento de información necesaria sobre el acoso moral en el trabajo entre los miembros e la Inspección el Trabajo y Seguridad Social, y posibilitar la tipificación del acoso laboral como riesgo laboral, ya que aún no se incluye de forma clara dentro de los factores de riesgo psicosocial en la normativa vigente. Así mismo, se creo también en el 2001 la Federación Española de Asociaciones de Víctimas del Acoso Moral en el Trabajo, plataforma desde la que se pide que se tipifique como delito el Acoso Moral en el trabajo, así como la creación de comités de ética en las empresas donde puedan dirigirse los presuntos afectados. La problemática del acoso moral en el trabajo en nuestro país va teniendo cada vez un mayor interés, ya que más de millón y medio de españoles son víctimas de mobbing y el 11% de los trabajadores se declara como víctima de acoso moral.

Población de especial riesgo en esta problemática es la mujer trabajadora, aunque se intente ampararla a nivel legal (ley 39/1999 de Conciliación Vida Familiar y Laboral) promoviendo la igualdad y el principio de no discriminación en la incorporación dela mujer al trabajo. Se regula la excedencia por cuidado de familiares, suspensión del contrato por maternidad con reserva del puesto, ampliación de la reducción de jornada y excedencia para el cuidado de familiares, etc .Cuestiones que son utilizadas en los casos de mobbing hacia la mujer para presionar e incluso rescindir[1] el contrato laboral. Estudios de Piñuel (Informe Cisneros) en su encuesta nacional sobre acoso Moral , identifica la población femenina trabajadora como más vulnerable a sufrir acoso moral,.Aunque se han regulado los derechos de la mujer dentro del ámbito laboral, no cabe duda que aun, la mujer está en desventaja por su implicación mayoritaria dentro de la familia, que la hace ser más vulnerable a los casos de explotación y terror psicológico en el trabajo.

---

[1] En el capítulo II artículo 8 de la ley 39/1999 Conciliación vida familiar y laboral se expone la nulidad en la extinción del contrato de trabajo en el caso de suspensión del contrato de trabajo por maternidad, riesgo durante el embarazo, adopción o acogimiento. También en caso de las trabajadoras embarazadas desde la fecha de inicio del embarazo hasta el comienzo del período de suspensión por maternidad y lactancia.

A nivel internacional, el Mobbing es tema de interés dentro de la legislación vigente tanto en organismos internacionales (Consejo y Unión Europea, OIT, ONU, etc) como en países concretos de los distintos continentes (Argentina, Australia, Brasil Canadá, EE.UU etc). Cada vez, el terror psicológico en el trabajo adquiere más protagonismo institucional y repercusión política, generando las legislaciones pertinentes para combatir contra el tema.. Es por tanto un tema de interés no solo empresarial, sino también público que necesita de normativas legales específicas para combatirlo.

2. SALUD LABORAL Y ESTRÉS.

2.1.- ESTRÉS LABORAL.

Los procesos de estrés generalizado pueden ocasionar una etapa de una indefensión aprendida ante un entorno hostil y debido a entornos amenazantes y coercitivos hacia los trabajadores. Para expresar esta connotación negativa del estrés (ya que la activación de mecanismos ante situaciones amenazadoras no tiene que conllevar un riesgo para la salud, sino todo lo contrario, se tiene que tomar como un valor adaptativo del individuo), adoptaremos el concento de ***distress***[2] El generar una situación estresante en el trabajo, dificulta el rendimiento y concentración; además, genera a medio y largo plazo una serie de cuadros sintomáticos que repercuten en la salud particular del trabajador .Existen múltiples causas que pueden llegar a producir distress laboral (cambios en las formas de trabajo, cambios en la actividad del sector etc), pero destacamos determinados hechos que también confluyen como causas del terror psicológico o "mobbing": conflicto y ambigüedad de roles, mala distribución de la jornada de trabajo y los tiempos de descanso, las relaciones interpersonales y las dificultades de comunicación, las escasas posibilidades de promoción entre otros factores relativos al entorno psicosocial, (Sebastián García, O.2001) [3]son considerados como factores de predisposición a generar estrés en los trabajadores (en interacción con la personalidad.

La interrelación que se da entre las demandas del trabajo y las características de la persona no es de carácter automático, ni una comparación de carácter objetivo, sino que *está mediatizada por la particular percepción que el individuo tiene de ella, y por lo tanto es influenciada por aspectos subjetivos.* Es más, en la generación del estrés la significación e incluso la existencia de una posible situación de desajuste o desequilibrio proviene de la apreciación que el sujeto haga de esa situación. Por esto en la generación del estrés es muy importante comprender cómo el sujeto experimenta sus necesidades, deseos y expectativas en relación con lo que el entorno ofrece o demanda.

El distress, en el trabajo, por lo tanto, aparece cuando las exigencias del entorno laboral superan la capacidad de las personas para hacerles frente o mantenerlas bajo control. No es una enfermedad, pero si se sufre de una forma intensa y continuada puede provocar problemas de salud física y mental: ansiedad, depresión, enfermedades cardíacas, gastrointestinales y musculares así como esqueléticas.

---

[2] El Estrés Laboral: una perspectiva individual y colectiva. J.M. Peiró. Prción , Trabajo y Salud. Revista del INST. no.13, 2001. Citado en M. Velásquez Fernández, "Mobbing, violencia física y estrés en el trabajo" (2000)

[3] Olga Sebastián García. Centro Nacional de Nuevas Tecnologías. INSHT.. cnnt@mtas.es http:// www.mtas.es/insht/research/com_pon_pos.htm

Actualmente el estrés se identifica como uno de los riesgos laborales emergentes más importantes. Estudios realizados en la Unión Europea sugieren que entre el 50% y el 60% del total de los días laborales perdidos está vinculado al estrés(Martín Daza, 2000).También implica costes humanos. Se calcula que el 16% de las enfermedades cardiovasculares de los hombres y el 22% de las mujeres se deben al estrés relacionado con el trabajo. Entre las demás enfermedades y estados de salud asociados al estrés se incluyen trastornos musculoesqueléticos y problemas de salud mental (Sebastián García, 2001)

Como anteriormente indicábamos, la subjetividad y la propia percepción del medio externo por parte del trabajador tiene mucho que ver en la génesis del mismo, ya que se trata de un proceso de interacción entre la persona (y por tanto su subjetividad) y el entorno laboral. El "distrés"(como matizábamos, haciendo hincapié en la parte desadaptativa del concepto de estrés) surge a partir de un proceso homeostático que es el resultado del balance entre las demandas de la realidad y la capacidad de respuestas del individuo, siendo modulado este balance por la percepción que el individuo tiene de sí mismo y del mundo. Por lo tanto en las investigaciones realizadas, dan especial importancia a la dinámica interrelacional entre el individuo y el medio ambiente físico y psíquico.(Martín Daza 2000) Dentro del mundo laboral, el estrés puede tener su origen en las demandas exteriores que se producen en este ambiente, sin embargo, la consideración única de estos aspectos exteriores dejaría sin explicación las diferentes reacciones individuales de sujetos en una misma situación laboral estresante. Por lo tanto, el estrés o acotándolo en su vertiente negativa, el "distress" es un estado cognitivo que reside en la percepción que tienen las personas del grado de adaptación a las demandas de su entorno de trabajo, y depende de la valoración cognitiva que las personas hacen de su situación.

Importante es tener en cuenta la relación que Karasek y Theorell hacen a partir de sus estudios sobre las diferentes situaciones de "distréss" en los puestos laborales, a partir de su modelo de **demanda-control y apoyo social**. Para estos autores, la **demanda** serían las exigencias que el trabajo supone para el trabajador (de naturaleza psicológica fundamentalmente). El **control** influye todo el conjunto de recursos que el trabajador tiene para hacer frente a las demandas laborales (la situación puede ser controlable o incontrolable), por último el **apoyo** social actuaría como moderador del efecto de la alta tensión. Un nivel alto de apoyo social disminuye el efecto de la alta tensión, mientras que un nivel bajo, lo aumenta. Estos autores identifican puestos laborales con mayor o menor tensión, como observamos en la siguiente tabla:

PUESTOS DE ALTA TENSIÓN	PUESTOS ACTIVOS	PUESTOS DE MÍNIMA TENSIÓN	PUESTOS PASIVOS
Alta demanda de la tarea y bajo control personal	Alta demanda de la tarea y alto control personal	Baja demanda de la tarea y alto control personal	Baja demanda dela tarea y bajo control personal.

Este análisis de los puestos laborales, nos sirve de mucha utilidad para identificar dentro de nuestro estudio empírico por qué hay mayor incidencia de casos de distress laboral o de mobbing en unos puestos específicos, siendo aquellos de alta tensión por la elevada exigencia del entorno y los puestos pasivos, por su s escasos recursos para desarrollar nuevas habilidades (aunque se tenga un bajo control personal) generadores tanto de rutina, monotonía o síndrome de burnout (en el segundo caso) como de distress en el primero.

También es de interés destacar el modelo de Siegrist (1996), ya que en el se incluye el concepto de esfuerzo y recompensa. Este autor se basa en la falta de compensaciones por el trabajo realizado en al menos 3 factores: el estatus dentro de la empresa, la estima del propio trabajador y de los demás trabajadores, y el salario que percibe. La falta de correspondencia entre el esfuerzo realizado y la compensación que el trabajador recibe por él, genera insatisfacción laboral y representa un foco de estrés, una situación de riesgo para la salud, dando lugar a la antesala de un caso de mobbing .Enlazamos, por tanto,

2.2.- EL MOBBING COMO TIPO ESPECIAL DE "DISTRESS" LABORAL.

Knorz y Sep (2001), investigadores alemanes que han recopilado una relación de signos del terrorismo psicológico en el trabajo, se observa que en casi su totalidad, tienen relación con los conflictos organizacionales y del entorno psicosocial, tal y como anteriormente se ha puesto de manifiesto a la hora de hablar de las causas del estrés laboral. Por lo tanto, la percepción de un entorno amenazante y la generación por parte del trabajador de la sintomatología asociada a los casos de "mobbing" dependen de la propia percepción cognitiva del mismo, y por tanto tal y como ocurre y se citaba anteriormente con el estrés laboral, las variables de personalidad también jugarán un papel importante en la interrelación medio ambiente- individuo.

El mobbing, está relacionado además con otros fenómenos que pueden formar parte de èl o interactuar, lo que lleva muchas veces a confusión en su conceptualización. Así, puede estar relacionado con otros conceptos como el estrés laboral, el burn-out("síndrome de estar quemado" o acoso sexual. En la siguiente tabla se destaca en la siguiente tabla lo que esencialmente los diferencia.

Tabla2: diagnóstico diferencial.

	Fatiga crónica	Estrés laboral	Burn-out	Acoso sexista	MOBBING
CARACTERES DEL TRABAJADOR/ TRABAJO	Fragiles, inseguros de sí mismos, prescindibles, miedo jerárquico	Temor al paro: trabajos poco creativos, en cadena	Alta cualificación, no reconocidos. Han tocado techo. Mayor responsabilidad que retribución	Saben sus derechos, alta responsabilidad. Sin miedo al ambiente hostil	Brillantes entre mediocres. Disocian el acoso con la enfermedad
IMPLICACIÓN DEL GRUPO/ EMPRESA	Grupo vago o "quejica". Empresa con actitud pasiva (si no afecta a la producción)	Grupo: existe sobrecarga real de trabajo. Huelgas. Empresa con actitud negrera	Grupo solidario: hay ausencia de promoción. Interinos. Empresa: actitud consentidora	Grupo: alguien le apoya. Empresa: mediadora sin escándalo	Grupo: hostigador, adeptos y testigos mudos. No hay apoyos. Empresa: eliminar al garbanzo negro, Prima la rutina, la perversión de la mayoría.
SÍNTOMAS FÍSICOS/ PSIQUICOS	CANSANCIO: pseudo-gripe, depresión	CONTRACTURAS sin febrícula, depresión ansiosa	DEPRESIÓN. Frustración, desavenencias conyugales	ANSIEDAD depresiva o agresiva en lucha	Estigmas: asma, cardíacos, piel, nutrición, HIPERVIGILANCIA DEPRESIÓN, CÓLERA.

Se observa por tanto, que aunque todos estos fenómenos están relacionados con el malestar laboral y una percepción del entorno hostil o amenazante , generadora de "distrés", cada uno desarrolla unos "hitos" sintomáticos distintos. En concreto, una situación prolongada de mobbing o acoso moral en el trabajo puede dar lugar a secuelas similares a las sufridas en un cuadro de Estrés Postraumático, a la hora de enfrentarse a la situación laboral. Padial Ortiz y De la Iglesia Marí (2000) proponen una escala de daño versus grado de impedimento en víctimas de mobbing, en función del tipo de secuelas que pueden llegar a tenerse en esta situación:

- *Grado 1.*

Reincorporación al trabajo, sin síntomas residuales o con síntomas mínimos; incompatibles con el mantenimiento de la eficacia en su trabajo. SIN SECUELAS.

- *Grado 2.*

Reincorporación al trabajo, con síntomas que requieren supervisión médica ambulatoria, compatibles con el trabajo , pero con perdida de la eficacia por dificultad de mantener lazos sociales en el mismo entorno laboral donde sufrió el acoso. INCAPACIDAD LABORAL.

- *Grado 3.*

Imposibilidad de reincorporación al trabajo que desempeña, porque por el mismo hecho de volver al lugar del coso, se desencadenan episodios o crisis (flashback) de agudización psicosomática en forma de recidivas, que ocasionan frecuentes bajas laborales . INCAPACIDAD TOTAL.

- *Grado 4.*

 Imposibilidad de volver a desempeñar ningún tipo de trabajo, porque el mismo hecho de compartir tareas profesionales con otros compañeros (relación horizontal) y depender de superiores (relación vertical) pone en peligro su integridad psíquica y física, en forma de agravación del deterioro crónico. INCAPACIDAD ABSOLUTA.

3.LOS ESTUDIOS SOBRE MOBBING: ORIGEN Y EVOLUCIÓN EN EUROPA Y ESPAÑA.

3.1.- EL CONCEPTO GENERAL DE ACOSO, Y EN PARTICULAR DE "MOBBING".

Según el diccionario de la Real Academia de la Lengua española "acosar" se define como perseguir, sin darle tregua ni reposo a un animal o persona. En el diccionario al Uso de la Lengua Española de María Moliner, la acción de "acosar" es sinónima de "asediar": dirigir o hacer a alguien repetidas peticiones , preguntas u otra cosa pesada o molesta, hostigar o molestar a alguien.

Las notas que caracterizan por tanto el concepto de acoso son:

- con él no se define un solo acto aislado sino una conducta o comportamiento de un sujeto/s hacia otro/s (como posteriormente veremos que significa el término "to mob" anglosajón)
- el carácter repetitivo y reiterado de actos que componen dicha conducta en sus distintos significados de asediar, hostigar, molestar, etc.

La primera conceptualización de la idea de "acoso moral en el trabajo" parte de ***H. Leymann(1984)*** en la década de los 80, que acuña el término "mobbing", partiendo del verbo inglés " to mob" rescatándolo así de su significado puramente etológico otorgado por C. Lorenz[4]. Leymann representa un hito dentro del inicio y desarrollo de los estudios de acoso moral laboral en Europa, describiendo el fenómeno mobbing como " *una situación en la que una persona (o grupo) ejerce una violencia psicológica extrema, de forma sistemática y recurrente(de media una vez por semana) y durante un tiempo prolongado (de media 6 meses) sobre otra persona o personas en el lugar de trabajo , con la finalidad de destruir las redes de comunicación de la víctima o victimas, su reputación, perturbar el ejercicio de sus labores y lograr que acabe abandonando el lugar de trabajo*"[5] Este autor llegó a clasificar hasta 45 conductas que podrían ser consideradas como ofensivas y que constituyen el acoso o mobbing, de las que algunas de ellas se   citan a continuación.

---

[4] En el Diccionario Cambridge Avanced Learner's, "to mob" significa reunirse alrededor de alguien para expresarle adminarión, interés, enfado o agresividad, o bien, a un grupo de pájaros o animales pequeños que rodean a un animal de superior tamaño que intenta cazarles para atacarle juntos y así forzar su hiída. En Velásquez Fernández,2000 " Mobbing, violencia física y estrés en el trabajo".Ed. Gestión 2000

[5] El concepto de Mobbing desarrollado por Heinz Leymann es el que recoge la Nota Técnica Preventiva 476 del Insituto Nacional de Seguridad e Higiene en el Trabajo, se puede consultar en www.mtas.es/insht

Tabla1. 23 acciones utilizadas para provocar terror psicológico.

• **Se prohíbe a la víctima charlar con los compañeros**
• **No se le da respuesta a sus preguntas verbales o escritas**
• **Se instiga a los compañeros en su contra**
• **Se le excluye de las fiestas organizadas por la empresa y de otras actividades sociales**
• **Los compañeros evitan trabajar junto a la víctima**
• **Se le habla de modo hostil y grosero**
• **Se le provoca con el fin de inducirle a reaccionar de forma descontrolada**
• **Se hacen continuamente comentarios maliciosos respecto a ella/el**
• **Los subordinados no obedecen sus órdenes**
• **Es denigrada/o ante los jefes**
• **Sus propuestas son rechazadas por principio**
• **Se le ridiculiza por su aspecto físico**
• **Se le quita toda posibilidad de actividad e influencia**
• *Se le hace trabajar paralelamente con una persona que será su sucesor en la empresa*
• *Se le considera responsable de los eres cometidos por los demás*
• *Se le dan informaciones erróneas*
• *Se le niega la posibilidad e realizar cursos de reciclaje y formación*
• *Se le asignan tareas para las que debe depender siempre de alguien*
• *Es controlado y vigilado de forma casi militar*
• Se cambia su mesa de sitio sin previo aviso
• **Su trabajo es manipulado para dañarle (por ejemplo, borrando un archivo de su ordenador)**
• **Se abre su correspondencia y/o correo electrónico**
• **Si pide días por enfermedad, encuentra innumerables dificultades o recibe amenazas de despido.**

Más tarde, en su traducción a las lenguas romances, el término "mobbing" pasó a denominarse "harcelément moral" en francés por la influencia de M.F Hrigoyen y traducido al castellano como **"acoso moral"**Sin embargo , esta traducción no está exenta de polémica, ya que se piensa que la palabra "moral" no refleja con exactitud el significado francés, de "estar bajo o alto de moral" y prefieren denominarlo **acoso psicológico.** (Piñuel y Zabala, I, González de Rivera J. L, 2001**).** **H**rigoyen añade a la definición de Leymann, algunas notas características:

- el acoso psicológico, se define fundamentalmente como una "conducta abusiva" en la que una persona está haciendo un uso ilegítimo de sus atribuciones o facultades.
- Se hace hincapié en las formas múltiples en que se manifiesta.
- Atenta contra la "dignidad de la persona, adquiriendo por tanto un claro componente jurídico.
- Atenta también a la integridad física o psíquica.
- No solamente tiene efectos individuales sobre la persona atacada, sino que también puede tener efectos sobre las relaciones sociales de la persona atacada con las que se encuentren presentes en el lugar de trabajo.

Para finalizar este apartado de conceptualización del mobbing, tan solo un último apunte; en países anglosajones (Irlanda y Gran Bretaña) no se ha utilizado nunca el término "mobbing", ya que no existe propiamente en lengua inglesa, y se prefiere el de "bulling" (conducta prepotente y tiránica) o el de " harassment" (molestar o importunar al alguien por un período de tiempo, o una persecución).

También se suele emplearse la palabra "bossing" (boss- jefe; si se refiere a acciones desarrolladas por la empresa para desembarazarse de los trabajadores incómodos).

Matizando por tanto, las características de las conductas de acoso psicológico en el trabajo:

(1) **El acoso psicológico en el trabajo es un conflicto interpersonal** y puede enfrentar a un sujeto o varios que realizan tanto la conducta acosadora , como a los que la sufren. Por lo tanto, en los estudios sobre mobbing, se ha de tener en cuenta factores de personalidad del acosador y de la víctima.

(2)**La relación entre el agresor y la víctima puede ser variable**, aunque siempre tiene un componente de desigualdad o asimetría. Siempre se da un abuso de poder desde la posición dominante. La forma de relación más típica es supervisor /agresor y subordinado/agredido (mobbing vertical descendente) aunque también puede darse el mobbing horizontal ,entre compañeros del mismo cargo o categoría laboral.

(3) **Es una conducta o comportamiento del agresor, no un mero acto circunstancial**, abarcando tanto los actos omisivos, como los activos que dañan la dignidad del trabajador.

(4) **Es una conducta no deseada por el ofendido** , aunque se puede dar la circunstancia de que la victima no se sienta acosada y los testigos directos de los hechos opinen lo contrario. Por lo tanto, se ha de tener en cuenta, el factor de valoración subjetiva de la situación por parte de la víctima.

(5) **la violencia que se ejerce es predominantemente psicológica**. Si se tratase de violencia física o amenaza, las consecuencias jurídicas sería totalmente diferentes.

(6) **Es una conducta que daña objetivamente los derechos individuales**. El objetivo del mobbing es lograr la exclusión del trabajador víctima del lugar de trabajo, y su destrucción moral.

3.2.- LA ESPIRAL DEL "MOBBING".

Como se ha venido indicando en apartados anteriores , este fenómeno no se trata de un hecho o conducta aislada, sino de una pauta repetitiva de actuación. Leymann (1996). Aunque este autor, refleja en sus etapas únicamente como objeto de hostigamiento a una única víctima, se observa a la hora del relato de múltiples casos , que muchas veces el objeto del mobbing es todo un grupo de trabajo o un grupo de compañeros (Baron Duque, Jaca , Blanco Barea, 2003). A continuación se esquematizan las fases del mobbing, que en posteriores apartados retomaremos para explicar su relación con sintomatología física y psíquica.

Figura 1: la espiral del mobbing., según Perez Bilbao, 2001

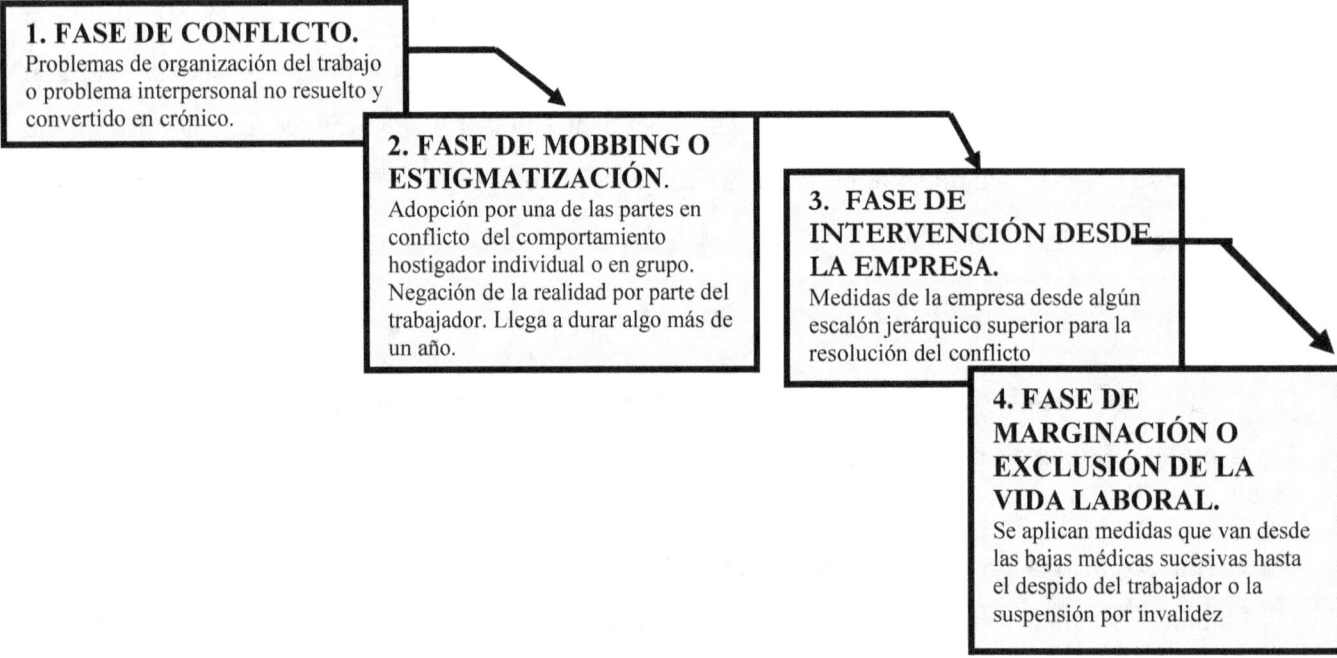

1. FASE DE CONFLICTO.
Problemas de organización del trabajo o problema interpersonal no resuelto y convertido en crónico.

2. FASE DE MOBBING O ESTIGMATIZACIÓN.
Adopción por una de las partes en conflicto del comportamiento hostigador individual o en grupo. Negación de la realidad por parte del trabajador. Llega a durar algo más de un año.

3. FASE DE INTERVENCIÓN DESDE LA EMPRESA.
Medidas de la empresa desde algún escalón jerárquico superior para la resolución del conflicto

4. FASE DE MARGINACIÓN O EXCLUSIÓN DE LA VIDA LABORAL.
Se aplican medidas que van desde las bajas médicas sucesivas hasta el despido del trabajador o la suspensión por invalidez

En la fase (1) de inicio de conflicto, el primer síntoma es el de desorientación. Las víctimas esperan el apoyo y acogimiento de la empresa, pero esto no sucede en la mayoría de los casos. La víctima se encuentra en medio de una situación, intentando resolver el problema, sin que perjudique a sus intereses en la organización. En la fase (2) hay una graduación más incisiva del acoso psicológico, intentando intimidar a la víctima; se incrementa la presión. En la fase (3)la víctima puede recurrir a algunas personas de la organización para que le ayuden (representantes sindicales). Comienzan entonces los primeros sentimientos de rechazo y marginación. En la última fase (4), la situación de presión psicológica puede llegar a hacerse insostenible dentro de su entorno laboral. La simple idea de volver al entorno laboral se convierte en algo terrorífico. Por lo general, la víctima tiende a huir o despedirse, siendo muy complicado su vuelta al mundo laboral, debido a la sintomatología que presenta.

Esta espiral de mobbing se caracteriza por un bucle de retroalimentación negativa , en el que la presión del acoso incidiendo en los síntomas patológicos, y éstos en la ineficacia de la respuesta laboral, refuerzan el hostigamiento de manera progresiva, llegando a agravar el problema hasta hacerlo insostenible.

Figura 2. La espiral del mobbing según Barón Duque, Munduate Jaca y Blanco Barea (2003)

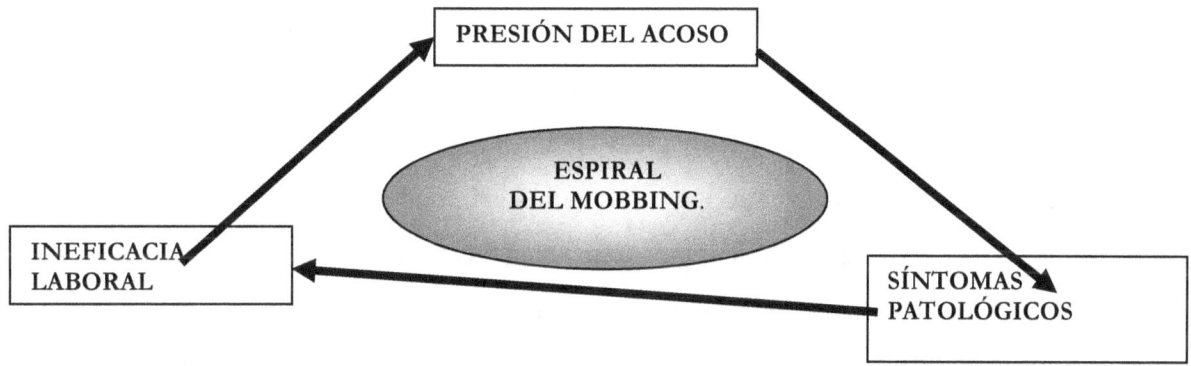

3.4.- El "MOBBING" DENTRO DEL CONTEXTO LABORAL Y LA NORMATIVA LEGAL ESPAÑOLA.

¿Cuánto cuesta el mobbing en España?. Hasta el año 2002 ha costado 6500 bajas.
En españa se perdió en ese año 1.850.000 días de incapacidad laboral y 52 millones de euros en bajas."
(J. Ignacio Pastrana. Lan Haremanak- II; 2002)

En España, los estudios sobre el acoso y terror psicológico en el trabajo, empiezan más tardíamente que en Suecia, iniciándose en nuestro país a partir de la década de los 90 con los estudios epidemiológicos de Iñaki Piñuel [6](Univ. De Alcalá) generando un cuestionario especial (**CISNEROS**) : **C**uestionario **I**ndividual sobre p**S**icoterror **N**inguneo **E**stigmatización y **R**echazo en **O**rganizaciones **S**ociales. Por primera vez en el informe CISNEROS II se realiza una topografía y una ordenación de las conductas de hostigamiento laboral más frecuentes en el mobbing. Por otro lado, se presentan también por vez primera resultados referentes a los daños sobre la salud física y psicológica entre las víctimas de mobbing y su incidencia estadística .Dentro de lo más destacable[7] (se incita a la revisión completa del trabajo) en los resultados encontrados en el Informe en cuanto a la incidencia

---

[6] **Iñaki Piñuel. Profesor de CC Empresariales. Universidad de Alcalá de Henares.**
Correo electrónico: <u>Innaki.pinnuel@uah.es</u>

[7] Resultados encontrados en pag.s webb <u>http://www.mobbingopinion.bpweb.net/artman/publish.htm y en http//</u>: <u>esquizo.com/modules.php?/mobbing.un/legislacion.htm</u>. Revisadas el 14/04 /2004

del Mobbing en España, más del 16% de la población activa (2,38 millones de trabajadores) manifiesta ser objeto de violencia psicológica en su trabajo durante los últimos 6 meses con una frecuencia semanal . Un 70% de los afectados manifiestan ser víctimas de Mobbing desde hace menos de 2 años. Aunque se muestra un gran desconocimiento del problema; los resultados muestran que 2 de cada 3 trabajadores afectados por el Mobbing desconocen estar afectados por el problema. La mayoría (81%) de los afectados presentan bastante inconsciencia acerca del Mobbing o lo conocen muy difusamente. Esto indica el carácter nuevo del fenómeno en nuestro país. En cuanto a datos sociodemográficos que nos permitan establecer un perfil de las víctimas de mobbing españolas; en los resultados se encuentra que el fenómeno afecta tanto a hombres como a mujeres pero existe mayor riesgo en el grupo de mujeres. Dos de cada 3 víctimas de mobbing tienen menos de 30 años., y existe mayor incidencia de mobbing entre los trabajadores eventuales o temporales que en los trabajadores fijos. En cuanto al apoyo social que estas víctimas encuentran en su entorno laboral, en los resultados se observa que la mayor parte de los compañeros que presencian el mobbing no hace nada por apoyar a la víctima. Solo en 1 de cada 6 casos se apoya a la víctima frente al hostigador. Las víctimas perciben falta de apoyo en su organización para hacer frente al problema en un 77% de los afectados, incluso llegando a encontrar un apoyo absolutamente inexistente en sus organizaciones. *Más de la mitad de las víctimas de mobbing (52%) refieren secuelas del hostigamiento sobre la salud.* Dolores de espalda , dolores musculares, irritabilidad, bajo estado de ánimo, depresividad, dolores de cabeza y nuca, trastornos del *sueño El 70.2% de la población activa manifiesta haber tenido algún problema psicológico derivado* del Mobbing. Estas *víctimas presentan una mayor sintomatología de Estrés postraumático* y mayores tasas de abandono de la profesión. Por último, en cuanto a las causas percibidas del fenómeno de acoso psicológico por las víctimas, mayoritariamente (50%) los celos profesionales y la envidia debido a sus competencias,

Los estudios posteriores al informe CISNEROS de Piñuel, se han centrado en los resultados demográficos obtenidos. Siguiendo la línea de análisis exploratorios, se profundiza en el perfil de las víctimas y hostigadores, así como en la sintomatología asociada y su relación con cuadros de depresión y ansiedad – estrés postraumático.

Tal y como se ha señalado en anteriores apartados, este fenómeno atenta contra el derecho del trabajador a su intimidad, integridad y moral. En la constitución Española, se recoge en el art. 15 el derecho a la salud del trabajador o a su integridad física; así mismo, se reconoce las normas de seguridad y salud laborales dentro del derecho comunitario y las legislaciones europeas; básicamente en la Ley de Prevención de Riesgos Laborales en nuestro derecho español.

Tradicionalmente , se ha centrado la actuación jurídica en la represión de las conductas de acoso o en la reparación económica de los daños ocasionados a la víctima.

Desde la perspectiva de un nuevo enfoque jurídico se introduce el acoso dentro de los "riesgos psicosociales" y su acción se centra en la prevención de las causas o factores de riesgo que han podido dar lugar a una conducta de acoso o en el apoyo, protección y rehabilitación de las víctimas; aunque en lo que respecta a esto último, no existe en España aún una normativa que regule las comisiones de inspección laborales como unidades independientes y objetivas, fuera del entorno empresarial a inspeccionar.

4. PERSONALIDAD, SALUD Y MECANISMOS DE AFRONTAMIENTO EN SITUACIÓN DE ESTRÉS.

" Para hacer mal, cualquiera es poderoso".
(Fray Luis de León)

4.1.-TIPOLOGÍAS DE VÍCTIMAS Y HOSTIGADORES.

Desde las concepciones clásicas de la definición de "mobbing" por Leymann y Hrigoyen , así como en posteriores estudios exploratorios españoles, a nivel epidemiológico en distintas instituciones (Piñuel, 2001, Buendía Vidal, 2004) se obtienen perfiles de víctimas y hostigadores característicos. En la siguiente tabla , se presenta un resumen de las características encontradas dentro de la revisión bibliográfica consultada:

ACOSADOR	ACOSADO
Adicto al poder (se siente poco o nada culpable)	Comprometida con el desarrollo interno de la empresa
Piensa siempre en ideas obsesivas sobre el poder y el control, así como en la forma de conseguirlo	Inocencia
La conducta del agresor crea un ambiente de confabulación dentro de la empresa.	Incapacidad para describir características negativas en los demás
	Dependencia afectiva
	Latencia elevada en la demora de Respuestas de gratificación
	Necesidad de conservar sus lazos interpersonales.

Se establecen por tanto , al igual que en bibliografía precedente, 3 grupos de víctimas que posteriormente detallaremos , aunque ahora hagamos una ligera mención sobre ellos:

1. aquellos que son envidiables y atractivos

2. aquellos que son vulnerables (por motivos de rasgos de personalidad o carencias afectivas).

3. aquellos que son amenazantes, porque promueven cambios en la empresa

Pero desde este estudio se pretende adoptar una visión más novedosa sobre todo del perfil de la víctima, que se relaciona con los modos de afrontamiento ante la situación de hostigamiento. Fijándonos en los estudios de González de Rivera y López García (2003), se describen dos características específicas de personas que pueden pertenecer a población de riesgo para ser psicoterrorizados o "acosables"

- son diferentes, en aspecto, conducta, valores y actitudes, con respecto al grupo general.
- Su presencia provoca un cuestionamiento implícito sobre los símbolos, características y valores que dan homogeneidad al grupo.

Siguiendo entonces, estos dos criterios, se pueden clasificar a las personas con riesgo de padecer estas situaciones en tres grupos:

(1) *los envidiables:* personas brillantes y atractivas pero consideradas como peligrosas o competitivas.

(2) ***los vulnerables*** : individuos con alguna peculiaridad o defecto, o simplemente con rasgos de personalidad depresiva, dependientes, necesitados de afecto y aprobación que dan la impresión de ser inofensivos e indefensos.

(3) *Los amenazantes*: que son activos, eficaces y trabajadores. Ponen en evidencia lo establecido y pretenden mejorar una nueva cultura.

Son justamente las personas vulnerables y con rasgos de dependencia afectiva , las que más nos interesa en este estudio, ya que pueden tener estilos de afrontamiento pasivos que propicien el mantenimiento de la situación violenta. Enlazamos también este perfil de personalidad con los resultados encontrados por Inverzzinni (2000) en donde se encuentra que existe una relación entre historias de vida previas de abusos familiares y/o de pareja, así como situaciones similares de hostigamiento en otros trabajos. Es por ello, que en el instrumento creado en nuestro estudio, se incluye un apartado de historia de vida en el cual se hace referencia a comportamientos familiares, de pareja y situaciones en anteriores trabajos, tal y como apunta el autor italiano. Otros autores, resaltan la importancia de la autoestima como factor de resiliencia en el afrontamiento y la respuesta de la situación estresante (Khalor, Amin, 2000) en donde se observa que a mayor nivel de autoestima, menor sintomatología debido al estrés percibido, aumentando además el repertorio de conductas defensivas.

Evidentemente, hay que apuntar, que no quiere decir que estas personas con determinado perfil psicológico, tengan necesariamente que padecer mobbing o fenómenos violentos, ni tampoco excluye la posibilidad de que personas con otro perfil lo puedan sufrir

4.2.- SINTOMATOLOGÍA EN CASOS DE MOBBING

En la mayoría de estudios sobre mobbing tanto en España como en los estudios iniciales en los países nórdicos (Leymann, 1992; Camps del Saz P, Martín Daza, 1996, Piñuel, 2001), enmarcan el fenómeno como un tipo de estrés laboral; por lo tanto, la afectación negativa a la salud de las víctimas, está ligada a cuadros de ansiedad crónica, adoptando una amplia gama de efectos: *efectos cognitivos* (pérdidas de memoria, inseguridad, dificultades para la concentración, etc) *efectos psicosomáticos* (derivados del fuerte estrés al que se ve sometida la víctima continuamente), *efectos de desequilibrio a nivel del sistema nervioso* (sequedad de boca, taquicardia, etc) efectos físicos (dolores cervicales, fibromialgias, etc) y *trastornos del sueño* (de conciliación, de despertar tempranos, cansancio, etc)

En posteriores trabajos, se introducen efectos depresivos dentro de la dinámica (espiral del mobbing) de este proceso. (Borrás Roca, 2002;López Lamela, 2002)Se van operativizando, por tanto, las consecuencias para la salud, dentro de las fases de mobbing:

- Hay una *PRIMERA FASE*: de perplejidad y dudas, en donde el trabajador empieza a notar algo extraño en su ambiente laboral. A medida que crece su confusión se empieza a cronificar más síntomas de salud relacionados con el estrés y la ansiedad.
- En una *SEGUNDA FASE*: la culpabilidad y la estigmatización de la propia del trabajador se asocia a la depresión: tristeza, escasa autoestima, apatía, sentimientos desesperanza e ilusión. Esta depresión es inicialmente exógena y por tanto capaz de buscar una solución a la situación de hostigamiento, pero con el tiempo se centra en la tercera fase.
- En la *TERCERA FASE*: la depresión se cronifica, traduciéndose en numerosas somatizaciones de orden psíquico (insomnio, irritabilidad, ansiedad, fobias) o somático (problemas gastrointestinales, alergia, asma, opresión precordial o incluso puede llegarse al cáncer)
- En la *CUARTA ETAPA*: la víctima se encuentra en una total situación de desamparo. Es descalificado por sus propios compañeros y se argumenta que la principal causas de sus problemas proviene de su personalidad, que poco a poco esta profecía se convierte en autocumplida, haciendo mella esta situación en la génesis de serios trastornos de personalidad.

Fig. 1. Evolución clínica y organizativa del síndrome de acoso laboral "mobbing" según González de Rivera,2003

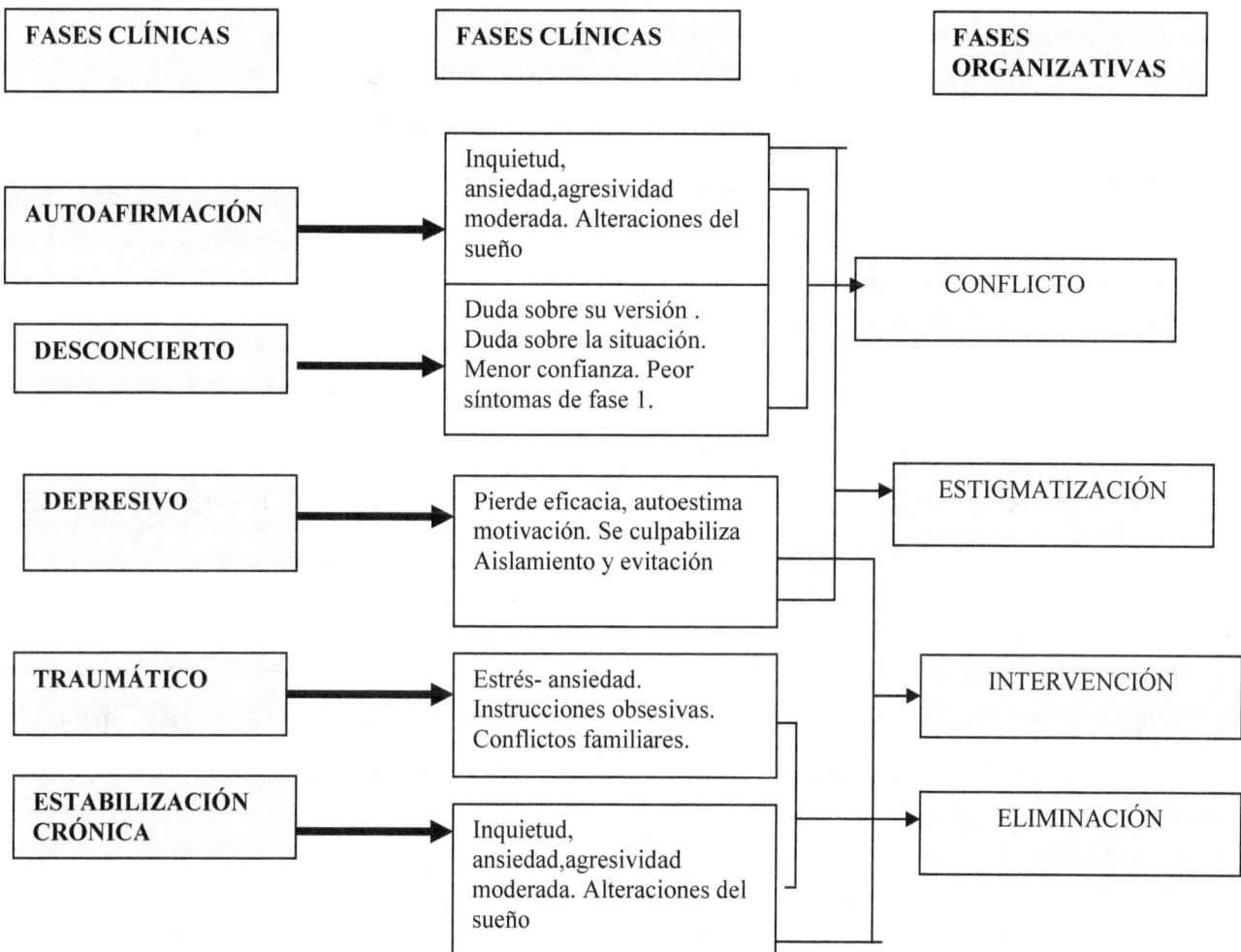

Se ha de tener claro que no se puede confundir el mobbing con estrés laboral .Simplemente se generan síntomas de ansiedad y/o depresión, obedeciendo esta última a unas causas más atribuibles a las condiciones de trabajo en sí, más que a un empresario o un hostigador perverso que busca intencionadamente la destrucción de la víctima . (revisar tabla 2, diagnóstico diferencial)

5.3.-TIPOS DE AFRONTAMIENTO EN SITUACIONES DE MOBBING Y SU RELACIÓN CON LA PERSONALIDAD.

Uno de los primeros autores que relacionan respuestas de afrontamiento con personalidad es Piñuel, (2001), encontrando en la baremación realizada en su informe CISNEROS los siguientes tipos de afrontamiento ente la situación de hostigamiento laboral:

- **Sinergia** (no devolver las agresiones, poner la otra mejilla, intentar contemporizar con ellos, ser un buen chico, convencerles de la benevolencia de la víctima)
- **Asertividad** (hacerles frente con energía y decisión, no dejarse amilanar por ellos, reafirmación de sus derechos)
- **Pasiva** (dar la callada por respuesta, dejar que pase el tiempo sin hacer nada)
- **Agresiva** (agredirles, insultarles , hostigarles del mismo modo.)

No cabe duda que la personalidad influye en la puesta en marcha de diferentes modos de afrontamiento ante una situación vital estresante ,y esta misma sugerencia se pone de manifiesto en los casos de mobbing cuando el individuo tiene que enfrentarse ante una situación de terror laboral. Confluyen por tanto, personalidad (en nuestro estudio nos centraremos en la historia de vida del individuo) y afrontamiento, no intentando realizar una doble victimización y culpabilización del empleado que sufre este tipo de situaciones. Siempre hay que tener claro, que el ejercicio de este tipo de poder es ilegal y debe ser tachado moralmente.

Existe una relación fundamental entre la percepción cognitiva del individuo y la situación estresante medio-ambiental a la hora de generar un proceso de estrés. Por tanto la personalidad es una parte importante en la génesis del mismo. Numerosos investigadores han demostrado que existe una influencia de ciertas características personales en la producción de estrés. Esto no quiere decir que el mero hecho de tener una serie de características personales determinadas desencadenen por sí mismas el estrés, sino que aumentan la vulnerabilidad de esas personas para que cuando se den unas determinadas circunstancias, éstas tengan más probabilidades de sufrir una situación de estrés. El modo de actuar de estas características en la generación del estrés proviene de la descompensación o desequilibrio entre lo que se demanda exteriormente y lo que los individuos necesitan, o son capaces de hacer. Hay que considerar que esas características están afectadas por una gran variabilidad interindividual e incluso también son variables en un mismo individuo a lo largo de su vida.(Martín Daza, 2000)

Tabla 2. **Características y Tipos de personalidad en función a la vulnerabilidad al estrés.**

PERSONALIDAD TIPO A	Hace referencia a una tipología que se manifiesta en sujetos con interés desmesurado por la perfección y el logro de metas elevadas, que llevan a grandes esfuerzos y a una tensión constante así como una dificultad para relajarse
DEPENDENCIA	Poco autónomas, toleran mejor un estilo de mando autoritario. Tienen más problemas en situaciones que implican tomar decisiones o cualquier tipo de incertidumbre
ANSIEDAD	Las personas ansiosas experimentan mayor nivel de conflicto que las que no lo son
INTROVERSIÓN	Ante cualquier problemática, los introvertidos reaccionan más intensamente que los extrovertidos ya que son menos receptivos al apoyo social.
DESTREZAS Y CONOCIMIENTOS ADQUIRIDOS (INTELECTUALES Y FÍSICOS)	Importancia en la posible incongruencia que se puede dar entre la posición ocupada y la capacidad o capacitación del trabajador.
LA MALA CONDICIÓN FÍSICA Y HÁBITOS DE SALUD	Pueden disminuir de alguna manera la capacidad de enfrentarse a los problemas de trabajo
LAS NECESIDADES DEL INDIVIDUO	Necesidad de contacto social, de intimidad, de reconocimiento personal, de autorrealización
LAS ASPIRACIONES	Deseo de logro personal, de alcanzar un determinado estatus, de dominar el trabajo
LAS ASPIRACIONES	Deseos de logro personal
LAS EXPECTATIVAS	Esperanzas que el individuo tiene de obtener de su trabajo ciertos beneficios personales, sociales, etc
LOS VALORES	La adhesión al principio de autoridad, importancia del trabajo, etc.

Lo más adecuado es analizar la dinámica que se da en el estrés a partir de la **relación** y la comparación **que se establece entre las demandas del trabajo y las características de la persona.**

4.4.- EL PROBLEMA DE LOS INSTRUMENTOS DE MEDIDA EN EL ESTUDIO DEL MOBBING.

Desde los comienzos en el estudio del mobbing, hasta la actualidad, se observa en las distintas revisiones bibliográficas, que no hay un consenso claro a la hora de establecer qué tipos de instrumentos se requieren utilizar para poder establecer un diagnóstico sobre situación de mobbing y sus consecuencias físicas y psíquicas. Hemos de tener en cuenta, que la distinción entre conflicto y mobbing hace énfasis en el foco sobre "cómo se produce" no en " qué se produce", así, como la frecuencia y la duración del mismo (Leymann, 1990, 1992; Leymann y Tallegren, 1989). Para operativizar el concepto de mobbing, en un primer momento, Leymann propone el LIPT-Questionnarie (LIPT= Leymann Inventory of Psychological Terrorization) :

Tabla 2. Guía de detección de posibles casos de Mobbing, basado en el LIPT, Leyman 1990 y el TST de Langer, 1962)

Si una persona se dirige a Ud. frecuentemente en términos ofensivos, despreciativos y/o amenazantes
Si ha visto reducidos o eliminados tus medios y capacidades de comunicación
Si no recibe la información necesaria para llevar a cabo adecuadamente su trabajo o si recibe información errónea que no le permite realizar bien su trabajo Y7o la información que Ud. Emite es manipulada, distorsionada u ocultada
Si siente que nadie tiene en cuenta sus opiniones e incluso su presencia
Si le han asignado funciones y tareas por debajo de las que le corresponden o sencillamente no le dan la ocupación reprochándole posteriormente que es vago o perezoso.
Si considera que los objetivos que le marcan son excesivamente altos para el tiempo y los recursos de que dispone para cumplirlos
Si le prohíben hablar con sus compañeros y a ellos que hablen con Ud.
Si cree ser objeto de rumores infundados sobre aspectos relacionados con su trabajo o incluso con su vida privada.

En cuanto a los problemas psicológicos , según los estudios publicados, muchos de ellos se originan a partir de las respuestas de afrontamiento específicas de cada individuo bajo un marco de ansiedad que en gran parte de los casos genera un cuadro de Estrés postraumático (Malt, Karlehagen, Leymann, 1993) El hecho de presentar esta sintomatología agrava y alarga en el tiempo la experimentación de la situación estresante (Leymann 1989), además este cuadro de síntomas se da con mayor intensidad cuanto peor haya sido vívida la experiencia traumática y mas tiempo haya persistido. Cuando se obtienen resultados sobre sintomatología psicológica asociada al mobbing, no ha habido un consenso científico en la utilización específica de test o cuestionarios propios para este tipo de situaciones laborales; esto puede dar lugar a diversos sesgos y muchas veces a resultados contradictorios.

Tabla.5. Cuestionarios que documentan el caso de mobbing y que ayudan al diagnóstico.

PRUEBA	UTILIDAD.
Escala Breve de evaluación psiquiatrica BPRS (Overall & Gorthan)	¿Muestra en el paciente elementos psicóticos?
SCL-90. R Cuestionario de 90 síntomas	Mide psicopatología global y 12 dimensiones psicopatológicas
Cuestionario de Salud General (GHQ de Goldberg)	Calidad de vida que queda tras la experiencia
Cuestionario de depresión de Beck (BDI)	Idea más o menos objetiva del grado de depresión
Escala de Impacto del Suceso (IES de Horowitz)	Indices de estrés postraumático
Post- traumatic symptom scale (PST-10)	Puede usarse como prueba de detección en grupos amplios de población
LIPT- Leymann Inventory of Psychological Terrorization- versión española de 60 preguntas	Enumera las 60 conductas más típicas de mobbing, permitiendo graduar la intensidad con que ha sido sufrida cada una
CASP – Cuestionario de Síntomas de Acoso psicológico	Cuantifica los distintos aspectos del síndrome de acoso
Escala de sinceridad y distorsión motivacional del 16 PF	Cuestionario de personalidad de 16 factores que tiene dos escalas para detectar simulación
Escalas L, F y K del MMPI	Cuestionario clásico de personalidad, con tres escalas útiles para detectar simulación
Diagnóstico psiquiatrico según criterios ICD-10 de la OMS	Diagnóstico psiquiatrico

Es el uso de toda esta batería de cuestionarios y escalas a la hora de poder establecer un diagnóstico certero de mobbing, lo que nos ha incitado dentro de este trabajo, a generar un nuevo autoinforme específico que relacione situaciones de hostigamiento laboral, síntomas de salud, estrategias de afrontamiento e historia de vida previa, como objetivo principal dentro de nuestro trabajo de investigación.

4.5- MODELOS INTEGRADORES PARA AFRONTAR LA ESPIRAL DEL MOBBING.

Al abordar una problemática que incluye múltiples marcos de la vida laboral (relación entre empleados , relación empleado empresa, política empresarial, políticas sindicales, marcos legislativos, etc), se debe abordar la solución a dicho problema desde un enfoque multidisciplinar. A nivel   legal, se están llevando a cabo varias iniciativas en el Parlamento Europeo (COM, 2002) que orientarán a la elaboración de un libro verde sobre mobbing por la Comisión de Empleo y Asuntos Sociales, constituyéndose en muchos países miembros en referente a una posterior legislación. Cabe destacar los estudios italianos sobre mobbing por su novedad y la adopción de modelos integradores desde el punto de vista médico que permitan obtener una mayor adaptación a las situaciones estresantes laborales de la victima , optimizando los recursos de afrontamiento (Petiziol, 2002).

Desde la psiquiatría italiana se adopta el modelo en 6 fases de Harald Ege, insertando , dentro de la dinámica del proceso de mobbing, las incidencia tanto en salud física como psíquica.

" Un mundo que fuera del agrado de las personas que lo habitan no haría sino perpetuar el status quo... El planificador de una nueva cultura, hasta cierto punto, planificará necesariamente un mundo que a él, le guste"

(Skinner, 1971)

II. PARTE EMPÍRICA.

1. <u>**OBJETIVOS E HIPÓTESIS.**</u>

Retomando la directriz de nuestro estudio en el que se pretende relacionar la situación laboral de estrés o acoso psicológico ("mobbing") con los mecanismos de afrontamiento, síntomas de salud e historial de vida previo en cuanto a educación familiar, relaciones de pareja y antecedentes de problemas laborales previo; se pretende abarcar los siguientes objetivos:

1. Generar un listado a modo de Check-list que nos permita relacionar situación laboral, modos de afrontamiento, salud e historial de vida previo, que cumpla con los criterios de fiabilidad y validez necesarios. Gracias a él, se podrá observar distintos tipos de situación laboral, modos de afrontamiento característicos y tipologías de historial de vida ,dentro de los participantes

2. Establecer relaciones entre los distintos tipos de situaciones laborales encontrados con los modos de afrontamiento y los síntomas de salud. De igual manera se relacionarán las tipologías de historial de vida , con afrontamiento y síntomas de salud de tal forma que se pueda establecer alguna conexión entre ciertos tipos de afrontamiento ante una situación laboral , con ciertos síntomas de salud y a su vez con un tipo característico de historia de vida.

3. Establecer diferencias entre los hombres y mujeres encuestados en las situaciones laborales encontradas así como en los modos de afrontamiento e historia de vida. También se intentarán observar si las variables de categoría laboral y departamento son relevantes a la hora de establecer diferencias significativas en las variables de situación laboral estudiadas,

Para poder abarcar estos objetivos, se establecen las siguientes hipótesis de trabajo:

HIPÓTESIS 1.→ Se espera encontrar grupos de participantes que sufren una situación de mobbing, de aquellos otros que no sufren ningún tipo de situación laboral estresante ; pudiéndose establecer por tanto, perfiles diferenciados con situaciones características de hostigamiento laboral.

HIPÓTESIS 2.→ se espera encontrar perfiles diferenciados de respuestas de afrontamientos ante las distintas situaciones laborales de estrés encontradas. Así mismo, se predice que aquellos que han tenido historiales de vida complicados o desadaptativos (relaciones de pareja posesivas, familias estrictas o rígidas, antecedentes de abusos o malos tratos, y/o situaciones laborales previas también hostiles) generarán respuestas de afrontamiento más desadaptativas, optando por respuestas sinérgicas o pasivas a aquellos que no han tenido historiales e vida desadaptativos, generando estos últimos respuestas más confrontativas, asertivas o activas. Por lo tanto, los primeros tendrán más resistencia a la situación laboral de hostigamiento que los segundos.

HIPÓTESIS 3→ Se espera encontrar una relación significativa entre la sintomatología de salud, las respuestas de afrontamiento y las situaciones laborales, presentando mayor probabilidad de padecer un cuadro de síntomas de salud, aquellos participantes que se encuentran en una situación de estrés laboral y hostigamiento y que a su vez, presentan perfiles de afrontamiento pasivos, que aquellos que se encuentran en una situación de normalidad laboral y que pueden presentar perfiles de afrontamiento activos.,

HIPÓTESIS 4→Se espera encontrar ligeras tendencias a favor de las mujeres a encontrarse en situaciones laborales de estrés laboral que los hombres; así mismo, se esperan encontrar diferencias en perfiles de afrontamiento e historial de vida, prediciendo que se encontrarán mayor tendencia de afrontamiento pasivo y perfiles de historial familiar sobreprotector en mujeres que en hombres, predisponiéndolas a éstas a ser víctimas reincidentes de mobbing o de estrés laboral.

2.- METODOLOGÍA

2.1.- PARTICIPANTES.

En el estudio colaboró la empresa de servicios informáticos Atos Origin (consultoría de informática que trabaja par diversas multinacionales cediendo a personal de informática) a través de su sección sindical de CC. OO. La muestra se compone de un total de 65 informáticos, 13 mujeres y 52 hombres La edad media oscila entorno a los 33 años, siendo la edad de 29 años, la que más nos solemos encontrar en los participantes. La mayor parte de ellos están casados o solteros, con licenciatura terminada. En cuanto a variables propiamente laborales, por termino medio los participantes trabajan una media de 40,5h , oscilando el rango de horas trabajadas entre 40 y 45h.Por término general llevan una antigüedad laboral en la empresa de entre 3 y 5 años. Por lo general, la categoría profesional de los participantes es de programador (categoría laboral más baja) seguido de consultor (categoría laboral más alta)

Tabla 1. Distribución de la muestra en función de los datos sociodemográficos.

	EDAD	Estado Civil	Estudios	Años trabajados	Horas trabajo a la semana
Media	33,29	3,02	4,48	3,91	40,49h
Mediana	32,00	2,00	5,00	4,(entre 3-5años)	40,00h
Moda	29	1(casado)	5(licenciatura completa)	4 (entre 3 y 5 años)	40h
Desv. típ.	6,89	2,35	,77	1,18	4,50
Varianza	47,52	5,52	,60	1,40	20,29

N=65

Los resultados obtenidos en las tablas de distribución de las muestras se corresponden a la codificación tipo likert realizada en la primera parte del instrumento empleado, referente a los datos sociodemográficos. Es por ello que entre paréntesis se aclara el significado de la numeración.

Tabla 2. Distribución de la muestra según los departamentos de trabajo dentro de Atos Origing.

DEPARTAMENTOS	Frecuencia	Porcentaje
BU Atos consulting/public section	15	23,1%
BU banca/seguros	13	20,0%
BU Industria	2	3,1%
BU Telco & Utilitlities	9	13,8%
BU Managed operations	5	7,7%
BU Recursos compartidos	20	30,85
RRHH	1	1,5%
Total	65	100,0%

N= 65

Como se observa en la anterior tabla la mayor proporción de participantes encuestados se distribuyen dentro de tres servicios empresariales: Recursos compartidos (30.85%), consulting/public section(23.1%) y banca / seguros (20.%).Es justamente dentro del primer departamento donde se encuentra una distribución del trabajo más difusa en cuanto a la gestión y asignación de proyectos y clientes; los trabajadores asignados a este departamento no tienen un proyecto bien definido y a menudo se encuentran sin clientes-empresa. Esto puede ser una razón para que hayan respondido en mayor proporción dentro de este departamento, ya que es donde se puede llegar a percibir un mayor grado de insatisfacción laboral.

Tabla3. Distribución de la muestra en función de la categoría profesional dentro de Atos Origin.

CATEGORÍA PROFESIONAL	Frecuencia	Porcentaje
Programador	20	30,8%
Analista Programador	15	23,1%
Analista Orgánico	13	20,0%
Analista funcional	5	7,7%
Consultor.	12	18,5%
Total	65	100,0%

N= 65

Como se indicó con anterioridad, dentro de las categorías más bajas (programador, analista programador y analista orgánico) tenemos al 73.9% de la muestra encuestada. El encontrar la mayor proporción de respuestas dentro de estas categorías también responde al incremento de insatisfacción laboral, ya que es justo en estos puestos donde mayor sobrecarga de trabajo existe , además de en algunas ocasiones sobrepasar la jornada laboral de 40h semanales; jornada que se reduce en caso de que se estuviera en puestos superiores como analista funcional o consultor.

2.2-. INSTRUMENTOS.

Se utilizó un autoinforme de creación propia en donde se evalúa la frecuencia en las que el participante ha sufrido en los últimos 6 meses situaciones que se enmarcan dentro de las siguientes dimensiones que se destacan:

.

- *Dimensión de situaciones de Mobbing*: se generó un listado de 28 situaciones de hostigamiento laboral o "mobbing" a modo de checklist a partir de las variables obtenidas en el Informe Cisneros II (Iñaki Piñuel,2002), basadas a su vez del inventario generado por Leymann (1992) en donde se observa la frecuencia de los estresores laborales acotado en un máximo de 6 meses

- *.Dimensión de problemas de salud*: creación de un autoinforme a partir de las variables obtenidas en relación a síntomas relacionados con la salud en el Informe Cisneros II (Iñaki Piñuel,2002). Se seleccionaron los 15 síntomas dentro del listado ofrecido por este estudio que mayor frecuencia obtuvieron en población española, y se acotaron las respuestas para que el sujeto las evaluara su frecuencia personal desde hace 6 meses.

- *Dimensión de respuestas de afrontamiento*: A través de los estudios de Piñuel, y dentro de sus guías prácticas para hacer frente a las situaciones de mobbing, se ha creado un listado de 12 posibles situaciones para afrontar una situación hostil laboral; seis de ellas se corresponden a modos de afrontamiento pasivo y las otras seis a modos de afrontamiento activo, acotando también las respuestas a la frecuencia con que estas conductas han sido realizadas desde hace seis meses hasta la actualidad.

- *Dimensión de historia de vida* . Basado en los estudios previos de Inverzzinni (2000) y Kahlor y Amin (2000) en donde se observa la relación entre cierto tipo de historias de vida y victimas de acoso laboral o mobbing, se ha generado un listado de 13 preguntas en donde se obtiene información sobre cómo ha sido su entorno familiar, sus relaciones de pareja y us experiencias en anteriores trabajos.

Las respuestas de cada situación son puntuadas por el sujeto utilizando una escala likert baremada de 0 a 5 en las primeras 4 dimensiones, teniendo el siguiente significado:

```
 (0)........................NUNCA
 (1)......................... ALREDEDOR DE 1VEZ AL MES
 (2)......................... ALREDEDOR DE 2 VECES AL MES
 (3)......................... AL MENOS 1VEZ A LA SEMANA
 (4)......................... AL MENOS 2 VECES A LA SEMANA
 (5) ......................... CASI A DIARIO
```

En la dimensión de historia de vida, la evaluación de las situaciones planteadas se puntúa en función de la siguiente escala likert, no acotada a los últimos 6 meses:

```
(1)........................ NUNCA
(2)........................ ALGUNAS VECES
(3)........................ A MENUDO
(4)........................ CASI SIEMPRE / SIEMPRE
```

Hemos de detallar que una primera parte del autoinforme generado consiste en una serie de preguntas sociodemográficas que recopilan información sobre la edad, estado civil, nivel de estudios completados, duración dentro de su actual puesto de trabajo y tipo de puesto desempeñado, así como jornada laboral.(ver anexo I)

2.3.- PROCEDIMIENTO.

Para asegurar la privacidad de los datos de los participantes dentro de la empresa se creo un portal de acceso , ajeno a la identificación via e-mail, que ya disponía la empresa: (http: //usuarios.lycos.es/euc/encuesta.php.)Los trabajadores que querían participar accedían al portal de internet en el cual se desplegaba el cuestionario. Esta dirección de correo electrónico estuvo operativa por un periodo de 3 meses, visitándola un total de 65 personas. Previamente se avisó a los trabajadores también via e-mail, del inicio del proyecto, objetivos e institución responsable del mismo.

3. ANÁLISIS DE LOS RESULTADOS

Se ha utilizado el análisis exploratorio de datos y descriptivos básicos de tendencia central y de dispersión para conocer detalladamente los datos de la muestra y las distribuciones de frecuencias. Tablas de contingencia y análisis de varianzas de un solo factor para relacionar variables nominales y ordinales respectivamente. Así mismo se utilizó el análisis de conglomerados de k medias para explorar los grupos que aparecen dentro de las dimensiones estudiadas: situaciones laborales, afrontamiento e historia de vida.

Para la realización de los análisis de datos se ha utilizado el programa estadístico SPSS v. 10.0.

3.1.- INDICES PSICOMÉTRICOS DEL INSTRUMENTO: DESCRIPTIVOS, FIABILIDAD Y VALIDEZ

A continuación aparecen los estadísticos básicos de las situaciones que componen cada una de las dimensiones utilizadas para el estudio: (situaciones laborales, modos de afrontamiento, síntomas de salud).Los valores obtenidos de los estadísticos descriptivos, se comentan a continuación , dimensión por dimensión, haciendo hincapié en los valores más altos dentro de la muestra estudiada.

Tabla 4. Estadísticos de tendencia central y dispersión de los items que conforman la dimensión "situación laboral"

Dimensiones de situación laboral	Media	Mediana	Dt
Asignarle trabajos sin valor o utilidad alguna	1.45	1.00	1.64
Rebajarle asignándole trabajos por debajo de su capacidad o competencias	1.82	1.00	1.90
Ejercer contra ud. Una presión indebida o arbitraria para realizar su trabajo	1.49	1.00	1.66
Desvalorar sistemáticamente su esfuerzo o éxito profesional o atribuirlo a otros factores o a terceros	1.23	0	1.71
Evaluar su trabajo de manera inequítativa o de forma sesgada	1.65	1.00	1.89
Amplificar y dramatizar de manera injustificada errores pequeños o intrascendentes	1.14	0	1.66
Menospreciar o menoscabarle personal o profesionalmente	0.94	0	1.65
Asignarle plazos de ejecución o cargas de trabajo irrazonables	2.34	2.00	2.03
Restringir las posibilidades de comunicarse , hablar o reunirse on su superior	0.94	0	1.63
Ningunerale, ignorarle, excluirle o hacer el vacío, fingir o hacerle invisible	0.86	0	1.66
Interrumpir continuamente, impidiendo expresarse y avasallando a la persona	0.66	0	1.31
Intentar desmoralizar o desanimarle	1.11	0	1.79
Abrumarle con una carga de trabajo insoportable con vistas a agobiarle	1.48	0	1.97
Asignarle tareas o trabajos absurdos	1.34	1.00	1.48
Realizar críticas y reproches por cualquier cosa que ud hace o la decisión que ud. Toma en el trabajo	0.60	0	1.18
Controlar aspectos de su trabajo de forma malintencionada para intentarle "cazar"	0.43	0	0.97
Acusarle sin base o fundamento por incumplimientos, errores, fallos incorrectos y difusos	0.68	0	1.25
Modificar el trabajo a realizar o sus responsabilidades sind decirle nada	1.12	0	1.59
Minusvalorar y echar por tierra su trabajo	0.80	0	1.44
Humillar, despreciar o minusvalorarle en público ante colegas o terceros	0.35	0	0.86
Chillarle, gritarle o elevar el tono de voz con vistas a intimidar	0.40	1.00	1.07
Privarle de información imprescindible y necesaria para hacer su trabajo	1.32	0	1.74
Distorsionar malintencionadamente lo que ud dice o hace en el trabajo	0.52	0	1.12
Prohibir a otros trabajadores hablar con ud.	0.15	0	0.62
Forzarle a realizar trabajos que van contra la ética o la legalidad	0.28	0	0.67
Dejarle sin ningún trabajo que hacer, ni siquiera a iniciativa propia	0.77	1.00	1.37
Limitarle el acceso a cursos, promociones, ascensos	2.09	0	2.15
Amenazarle con usar instrumentos disciplinarios contra ud.	0.40	0	1.00

Como se indica en la tabla, las medias más altas se obtienen en situaciones relacionadas con la carga de trabajo excesiva y la asignación de tiempos o plazos excesivamente limitados. Las mayores puntuaciones se observan en situaciones tales como "cargas de trabajo irrazonables" "limitar el acceso a curso y promociones", "rebajar al trabajador con trabajos por debajo de su propia capacidad" " evaluar su trabajo de manera sesgada" "ejercer presión contra el trabajador" " abrumarle con excesiva carga de trabajo" " asignarle trabajos sin ningún valor o utilidad" " o asignarle tareas absurdas". Por tanto el foco fundamental de estrés laboral dentro de los participantes encuestados se refiere o bien a tipo de trabajo a realizar (trabajos absurdos que no proporcionan ninguna motivación al trabajador) o la sobrecarga de tareas en muy poco espacio de tiempo para su resolución.

Tabla 5. Estadistitcos de tendencia central y dispersión de los items que conforman la dimensión "afrontamiento"

Dimensiones de afrontamiento	Media	Mediana	Dt
Comunicarlo a los demás	3	4	1.97
Evitar reaccionar	2.37	2	2.29
Ponerlo en conocimiento de sus superiores	1.06	0	1.46
Llevarlo en secreto	0.94	0	1.65
Pedir asesoramiento a su sindicato	0.43	0	1.19
Solicitar la baja laboral	0.31	0	1.07
Plantar cara	1.14	1	1.55
Asumir calladamente las humillaciones	0.88	0	1.45
Solicitar asesoramiento legal	0.82	0	1.60
Acceder a las exigencias que se le imponen	1.52	1	1.82
Solicitar apoyo psicológico	0.28	0	0.89
Asumir que es su responsabilidad, autoculpándose.	0.32	0	0.90

Se observa que dentro del listado de comportamientos , "comunicarlo a los demás" obtiene una media más elevada (se realiza al menos 1 vez por semana), seguido de "evitar reaccionar" , "acceder alas exigencias que se le imponen", "plantar cara" y " ponerlo en conocimiento de los superiores"; se encuentra por tanto, una ligera tendencia a realizar comportamientos de tipo activo y asertivo ante situaciones laborales estresantes, teniendo en cuenta en qué tipo de comportamientos hemos encontrado las medias más elevadas (tres de las 5 situaciones se refieren a comportamientos de afrontamiento activo)

A continuación obtenemos los estadísticos correspondientes a la dimensión de salud , que   pasaremos a comentar.

Tabla 6. Estadistitcos de tendencia central y dispersión de los items que conforman la dimensión "síntomas de salud"

Dimensiones de síntomas de salud	Media	Mediana	Dt
Dolor de espalda	2.83	3	1.92
Dolor muscular/articulaciones	2.55	2	1.94
Irritabilidad	2.40	2	1.79
Bajo estado de ánimo, depresividad	2.14	2	1.73
Dolor de cabeza/nuca	2.28	2	1.81
Dificultad para dormir	1.77	1	1.84
Sueño ligero,interrumpido	2.05	1	1.92
Dificultad para concentrase	2.18	1	1.99
Apatía	1.95	1	1.85
Llanto, ganas de llorar	0.71	0	1.21
Agresividad	1.12	0	1.49
Falta de apetito	0.94	0	1.43
Dolor de estómago/diarrea	0.68	0	1.23
Fatiga crónica	1.37	1	1.76
Palpitaciones /taquicardia.	0.37	0	1.10

Se observa que se han obtenido medias elevadas, (correspondientes a padecer los síntomas entre dos veces al mes y una vez por semana)en muchos síntomas asociados con situaciones laborales de estrés, destacándose los siguientes síntomas: dolor de espalda , muscular y de articulaciones, irritabilidad, dolor de cabeza o nuca, problemas de sueño y dificultades para la concentración. También se encuentran dentro de una media considerablemente alta alteraciones en el estado de ánimo, como depresividad , apatía y en menor medida agresividad.

En cuanto a la fiabilidad de la prueba, la tabla 7   refleja la consistencia interna de cada una de las dimensiones. La fiabilidad resultante de cada una de las pruebas es bastante aceptable. Los valores oscilan entre 0.94 en la dimensión de situación laboral y 0.63 en la dimensión de afrontamiento

Tabla 7. Fiabilidad de cada una de las dimensiones del autoinforme generado.

DIMENSIONES	ALPHA
Situación laboral	0.94
Afrontamiento	0.63
Síntomas de Salud	0.91
Historia de vida.	0.79

3.2.- PREDICCIONES Y RESULTADOS OBTENIDOS.

• PREDICCIÓN (1).

En nuestra primera predicción se intenta observar cual es la situación laboral dentro de la muestra estudiada, intentando comprobar si existen dentro de ella casos de mobbing o alguna otra situación que resulte de interés. Para ello, recordamos a continuación nuestra primera hipótesis

1. → *Se espera encontrar grupos de participantes que sufren una situación de mobbing, de aquellos otros que no sufren ningún tipo de situación laboral estresante ; pudiéndose establecer por tanto, perfiles diferenciados con situaciones características de hostigamiento laboral.*

Para encontrar respuestas a este planeamiento, se obtuvieron diferentes perfiles de situación laboral a través de un análisis de conglomerados de k- medias dentro de la primera parte del autoinforme aplicado, referente al entorno laboral. En donde se incluyen items que especifican situaciones de hostigamiento laboral (Piñuel, I 2000). Se obtienen tres perfiles perfectamente definidos, en los que se incluyen los 28items incluidos en nuestro autoinforme.

.

tabla 8. Distribución de sujetos dentro de cada conglomerado.

Conglomerado	1	39,000
	2	11,000
	3	15,000
Válidos		65,000
Perdidos		,000

Dentro del perfil (1), se encuentra el mayor numero de participantes ya que dentro de él se dan todos aquellos participantes que tienen una situación de absoluta normalidad dentro de su trabajo. En los otros dos perfiles (2) y (3), se dan proporciones de participantes casi semejantes de entre 11 y 15 sujetos por perfil. Es en estos dos perfiles donde se encuentran dificultades dentro del entorno de trabajo que son percibidos por el trabajador y que le generan grados aceptables de insatisfacción. Se observa en el gráfico presentado a continuación las características de cada perfil.

Grafico 1. Perfiles de mobbing encontrados a traves dellistado de situaciones "mobbing" en la muestra n=65

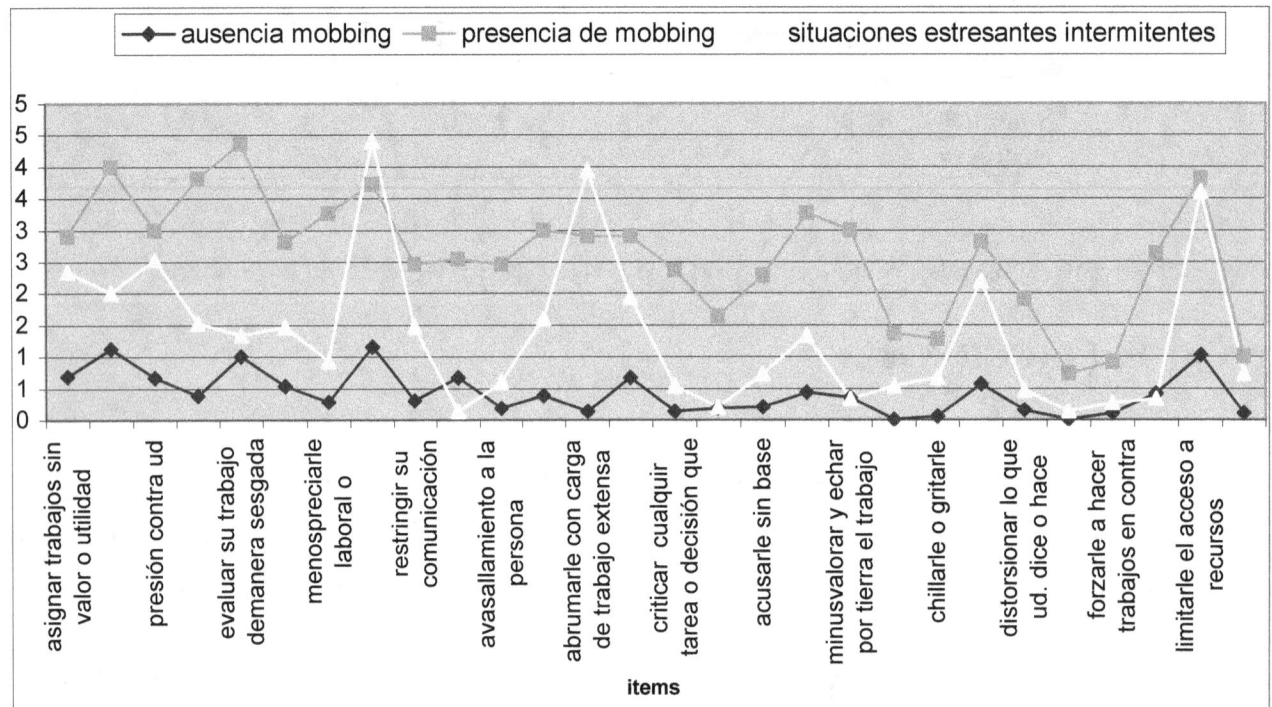

□ **Cluster 1: ausencia de mobbing**

Eneste perfil se acumulan la mayoría de los encuestados (39 sujetos). Dentro de él, se observa que en todas y cada una de las situaciones incluidas en el listado de hostigamiento laboral, los participantes responden con frecuencia muy bajas   de ocurrencia en los últimos 6 meses ; en las 28 situaciones planteadas los sujetos o bien responden que nunca han tenido las situaciones descritas en la lista o que como mucho lo han   vivido alrededor de una vez al mes en los últimos 6 meses. Dentro de estas situaciones que describen haber vivido pero en muy baja frecuencia se encuentra entre otras: asignación de trabajos sin valor o utilidad, asignarle trabajos por debajo de su capacidad, ejercer presión, evaluación de su trabajo de forma sesgada y amplificación de errores, ejercer cargas de trabajo irrazonables o tareas absurdas, limitarle el acceso a recursos y privarle de información. Por lo tanto, estos participantes se encuentran en una situación laboral normalizada dentro de su ambiente de trabajo que no les produce ningún grado de insatisfacción.

❑ **Cluster 2: situación de mobbing.**

Dentro de este perfil, el más claramente relacionado con situación de acoso psicológico en el trabajo se situan el menor número de entrevistados (n=11). Encontramos frecuencias bastante elevadas en cuando a la ocurrencia de las 28 situaciones de mobbing listadas en los últimos 6 meses dentro de su entorno laboral. Destacamos en primer lugar las situaciones que se han sufrido con una intensidad de dos veces por semana: rebajar al trabajador con tareas por debajo de su capacidad, desvalorar su esfuerzo, evaluar su trabajo de forma sesgada y exigirle cargas irrazonables e trabajo así como limitarle el acceso a recursos. En segundo lugar, los participantes describen sufrir las siguientes situaciones con una frecuencia de 1 vez por semana: asignación de trabajos sin ninguna utilidad, ejercer presión contra él por parte de sus superiores, amplificar sus errores , menospreciarle laboral o profesionalmente, ningunerale o ignorarle, desmoralizarle intentando desanimarle, abrumar al trabajador con carga extensa de trabajo o asignarle tareas absurdas, modificar su trabajo sin previo aviso, echar por tierra el trabajo realizado, privarle de información necesaria para su trabajo o dejarle sin ninguna tarea asignada que hacer. El resto de situaciones de hostigamiento laboral, los participantes describen sufrirlas entre 1 2 veces y 1 vez al mes. Este es el grupo más castigado por una situación de mobbing , y que probablemente pueda tener implicaciones en el resto de variables estudiadas, como posteriormente se predice en las siguientes hipótesis planteadas.

❑ **Cluster 3: situación de estrés laboral intermitente**.

Dentro de este perfil laboral, el más complejo de análisis , encontramos a un numero un tanto mayor de participantes (n=15).La situación laboral de estos trabajadores puede llegar a producir un considerable grado de insatisfacción laboral, ya que hay ciertas situaciones de hostigamiento y acoso psicológico laboral que sufren con una frecuencia muy elevada. Alrededor de 2 veces por la semana, este grupo de encuestados manifiestan que se les asignan cargas irrazonables de trabajo, abrumándoles además con trabajos extensos y que se le limitan el acceso a recursos. Alrededor de 1 vez por semana en los últimos 6 meses sienten que se les ejerce bastante presión contra ellos. Alrededor de 1 vz cada 15 días se les asignan trabajos sin ningún valor o trabajos por debajo d e su capacidad, sienten que desvaloran su esfuerzo, y que intentan desmoralizarles o desanimarles; se les asignan tareas absurdas y se les priva de información necesaria para su trabajo. El resto de situaciones listadas, apenas las sufren o no las han sufrido nunca. Encontramos, dentro de este grupo, que hay situaciones que son padecidas con una frecuencia bastante elevada, mucho más que en el grupo anterior claramente designado como perfil de mobbing. Pero tan solo son situaciones puntuales, ya que el resto del listado dentro de este perfil , obtiene frecuencias mínimas.

Esto nos indica que se sufren situaciones de un estrés bastante explosivo dentro de determinadas situaciones, en el entorno laboral, y en otras ocasiones se da una normalidad absoluta.

Se observa por tanto, en los resultados encontrados que se ha obtenido una muestra de participantes que están siendo víctimas de mobbing en su trabajo y que este tipo de situación representa un porcentaje muy bajo dentro de la muestra de trabajadores ,tal y como indican Piñuel, en los informes CISNEROS en cuanto a la proporción general de población española que sufren mobbing, son un porcentaje muy bajo dentro del total de trabajadores). También es interesante observar que se debe establecer una ligera diferenciación entre los casos de estrés laboral (perfil 3) y los casos de mobbing aunque, como se encuentra en la bibliografía relacionada con el tema y que particularmente se ha tratado en puntos anteriores de este trabajo, se puede enmarcar al mobbing como un caso especial de estrés laboral.(Martín Daza, 2000; Velásquez Fernández, 2000, Knorz y Sep, 2001), pero posee ligeras diferencias tanto en su forma de manifestación a nivel de hostigamiento laboral y comportamiento de los acosadores, en el objetivo a perseguir ya que se pretende eliminar al acosado del entorno ya que resulta incomodo o molesto para el resto del grupo de trabajo o para ciertos individuos en particular, y también en la forma de expresión de síntomas asociados (tabla 2: diagnóstico diferencial, pp.12)

• PREDICCIÓN (2)

En esta segunda hipótesis se pretende en primer lugar observar qué tipos de afrontamiento distintos se encuentran dentro de la muestra y posteriormente establecer algún tipo de relación entre éstos y las distintas situaciones laborales obtenidas. Por último se pretende obtener algún tipo de relación entre los distintos modos de afrontamiento y la obtención d e distintos perfiles de historia de vida, y se irá más allá, viendo si hay algún tipo de relación entre el sexo y distintos tipos de historia de vida y modos de afrontamiento. Se predice por tanto, lo siguiente:

2. → se espera encontrar perfiles diferenciados de respuestas de afrontamientos ante las distintas situaciones laborales de estrés encontradas. Así mismo, se predice que aquellos que han tenido historiales de vida complicados o desadaptativos (relaciones de pareja posesivas, familias estrictas o rígidas, antecedentes de abusos o malos tratos, y/o situaciones laborales previas también hostiles) generarán respuestas de afrontamiento más desadaptativas, optando por respuestas sinérgicas o pasivas a aquellos que no han tenido historiales de vida desadaptativos, generando estos últimos respuestas más confrontativas, asertivas o activas. Por lo tanto, los primeros tendrán más resistencia a la situación laboral de hostigamiento que los segundos

En primer lugar se realiza un análisis de conglomerados de k- medias con motivo de observar si realmente se obtienen perfiles diferenciados de modos de afrontamiento en función de las situaciones seleccionadas en el cuestionario que autogenerado. Como se ve a continuación en el gráfico, se obtienen 4 perfiles diferenciados :

Grafico2. Perfiles de afrontamiento según listado de situaciones de afrontamiento (N=65)

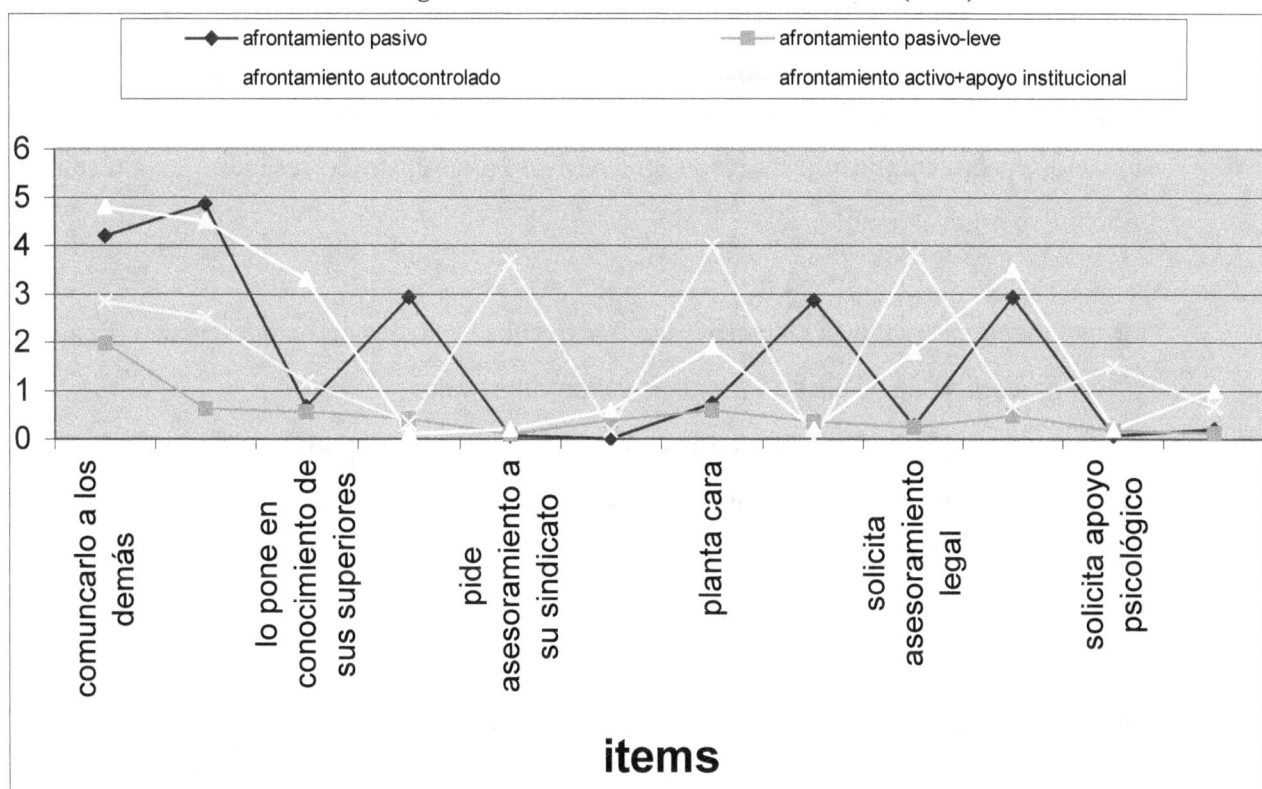

Los cuatro perfiles encontrados se podrían perfilar dentro de un continuo entre pasividad en respuestas de afrontamiento y actividad, encontrando el mayor numero de personas dentro de los dos tipos de afrontamiento que enmarcaríamos dentro de un perfil más *pasivo* (49 sujetos), y un menor numero de participantes (16 sujetos) dentro de un perfil más *activo*

Tabla 9.Número de casos en cada conglomerado (n=65)

Conglomerado	1	15,000
	2	34,000
	3	10,000
	4	6,000
Válidos		65,000
Perdidos		,000

Para denominar los cuatro grupos distintos de participantes y hacer más comprensible su descripción, se utilizarán los siguientes términos:

- afrontamiento pasivo: Perfil en el que se obtienen frecuencias elevadas en todas aquellas situaciones que implican unas respuestas pasivas, o ausencia de respuesta en situaciones de mobbing o estrés laboral.

- afrontamiento pasivo/leve: Caracterizado por frecuencias bajas en respuestas de afrontamiento pasivo y ausencia de respuestas activas de afrontamiento

- afrontamiento activo autocontrolado : Este es un perfil más complicado de interpretar ya que dentro de él se observan frecuencias elevadas en respuestas pasivas en situaciones de estrés laboral, así como frecuencias considerables en respuestas activas de afrontamiento. Este perfil se consideraría el más mixto de los cuatro.

- afrontamiento activo + apoyo institucional:Aquí se encontraría el perfil más activo de los cuatro, en el que se encuentran frecuencias considerables dentro de las respuestas activas a situaciones de estrés laboral, ausencia de frecuencia de respuestas pasivas y presencia de respuestas en donde se busca asesoramiento institucional.

Pasamos a describir más detalladamente los perfiles de participantes encontrados.

❑ **Cluster 1: afrontamiento pasivo**.

Dentro de este grupo se encuentran un total de 15 sujetos, viendo por tanto , que no es el más numeroso. Se caracteriza por asumir calladamente las humillaciones de los demás, acceder a las exigencias que se le imponen y llevarlo en secreto de forma frecuente (al menos una vez por semana en los últimos 6 meses), además de comunicarlo a su entorno más próximo y evitar reaccionar en las situaciones laborales casi a diario. Nunca piden asesoramiento a su sindicato ni ayuda legal; tampoco solicitan la baja laboral y menos aún apoyo psicológico.. Alguna vez han intentado plantar cara o ponerlo en conocimiento de sus superiores, pero esta frecuencia de respuestas es increíblemente baja.

❑ Cluster 2: afrontamiento pasivo- leve

En este grupo se engloba el mayor número de participantes (34 sujetos). Se caracteriza por comunicar lo sucedido a los demás, evitar reaccionar, ponerlo en conocimiento de sus superiores, y plantar cara con una frecuencia mínima (como mucho dos veces al mes en un periodo de 6 meses). Este perfil se caracteriza por una carencia en el repertorio de respuestas de afrontamiento, ya que de las 12 respuestas que se encuentran en el listado de situaciones de afrontamiento, tan solo obtienen frecuencias (y relativamente bajas) 4 de ellas.Por lo tanto, los participantes de este perfil, apenas responden de forma clara ante situaciones estresantes (quizá porque no se encuentran dentro de una situación claramente hostil a nivel laboral, de hecho, es en este grupo donde se encuentra el mayor número de participantes, igual que anteriormente, en el cluster de "ausencia de mobbing") y si lo hacen, tienden a tener respuestas pasivas, pero con menor intensidad que en el cluster anterior.

❑ Cluster 3 : afrontamiento activo-autocontrolado.

En este grupo solo se encuentran 10 participantes. Encontramos en esta ocasión a un grupo con el perfil más mixto de los cuatro; se caracteriza por realizar tanto respuestas de afrontamiento activo (comunicárselo a los demás, plantar cara, ponerlo en conocimiento de sus superiores) con una frecuencia relativamente alta (una vez a la semana o casi a diario); y también se realizan respuestas de afrontamiento pasivo, con una frecuencia moderada (una vez al mes o una vez cada 15 días), indicando un intento de control de la situación estresante: acceder a las exigencias que se le imponen, evitar reaccionar. En menor medida asumen que la responsabilidad de lo sucedido es suya, autoculpándose y solicitan la baja laboral (estas respuestas se dan en una frecuencia mínima).

❑ Cluster 4 : afrontamiento activo + apoyo institucional.

Dentro de este último grupo se encuentran el menor número de participantes (6 sujetos). Se definiría como el perfil más activo de los cuatro. Se caracteriza por intentar buscar apoyo social en el entorno próximo, así como ayuda institucional, legal o médica. Se dan conductas de afrontamiento activo (se comunica a los demás lo que sucede, plantar cara y ponerlo en conocimiento de sus superiores) con una frecuencia relativamente alta, al igual que respuestas que intentan buscar asesoramiento institucional y apoyo psicológico para poner soluc8ión al problema. Dentro de este perfil no se suelen dar las siguientes respuestas: llevarlo en secreto, solicitar la baja laboral y asumir calladamente las humillaciones de los hostigadores. Y con baja frecuencia (alrededor de una vez al mes en los últimos 6 meses)se asume la responsabilidad de lo sucedido es por uno mismo, autoculpándose, y se accede a las exigencias que se le imponen.

Para resumir, hemos obtenido en la primera parte de nuestra predicción que efectivamente se dan distintos perfiles de modos de afrontamiento dentro de nuestra muestra, encontrándose más o menos activos y mas o menos pasivos. A continuación y para cubrir la segunda parte de nuestra predicción , se observará la relación entre los modos de afrontamiento encontrados y los distintos tipos de historia de vida que se puedan encontrar, intentando hallar posibles relaciones entre historias de vida y modos de afrontamiento característicos. Para ello, hemos de realizar también un análisis de conglomerados de k- medias dentro de la variable " historia de vida". Los items incluidos en la definición de esta variable se corresponden a situaciones estresantes en diferentes planos: a nivel familiar (se tienen en cuenta des de situaciones de educación severa o estricta, hasta negligencia y/o maltrato familiar), a nivel sentimental (parejas posesivas/ celosas y malos tratos) como a nivel laboral en anteriores puestos que el participante haya tenido (situaciones anteriores de estrés laboral, hostigamiento o mobbing) Se ha encontrado que items relacionados más explícitamente con abusos sexuales tanto en la familia como en la pareja (items 4,5,9)no han resultado ser significativos en el ANOVA preliminar, de cara a discriminar o perfilar mejor los grupos encontrados; aunque en la fiabilidad de la prueba en su conjunto , un buen nivel de significación. Los resultados se presentan en el siguiente gráfico.

Grafico 3: Perfiles de historia de vida en función del listado de situaciones utilizado (n=65)

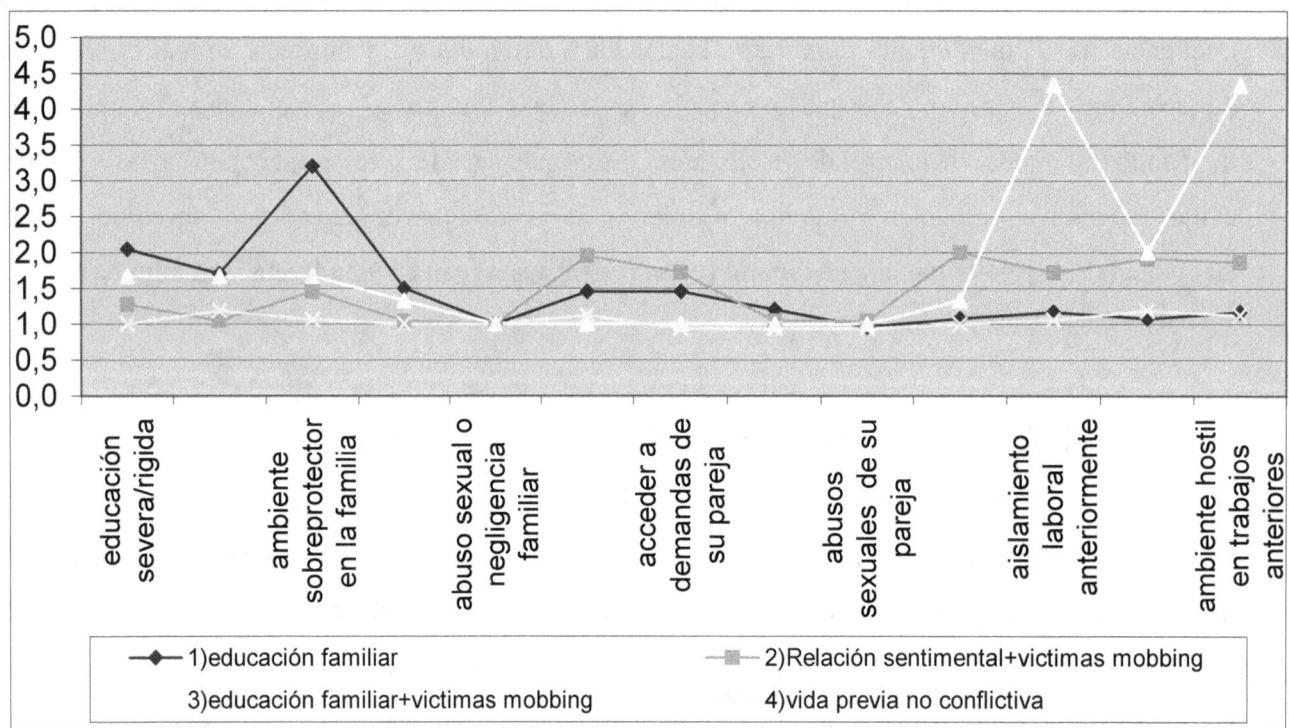

Como se observa en el gráfico, los resultados informan de 4 grupos de participantes que se aglutinan en perfiles característicos de historias de vida., encontrando mayor proporción de sujetos en los dos primeros perfiles, seguidos del último, como se puede apreciar en la tabla que mostramos a continuación.

Tabla 10.Número de casos en cada conglomerado (N=65)

Conglomerado	1	24,000
	2	22,000
	3	3,000
	4	16,000
Válidos		65,000
Perdidos		,000

Se han respetado los 4 grupos encontrados en el análisis de conglomerados a la hora de nombrarlos y realizar los gráficos correspondientes, pero en la interpretación de ellos, es conveniente juntar el perfil (2) y (3) ya que ambos aluden a haber sufrido situaciones de mobbing recurrentes en el pasado. Se detalla a continuación cada perfil:

❑ **Cluster 1 :educación familiar.**

Los 24 participantes que se encuentran dentro de este perfil se caracterizan por haber percibido frecuentemente que han vivido en un ambiente familiar sobreprotector, haber tenido una educación severa y castigos estrictos o rígidos. Además, en algunas ocasiones (no muy frecuentemente) declaran haber tenido parejas celosas en donde han tenido que acceder ante sus demandas con tal de asegurarse el afecto. No han tenido tendencia con anterioridad a sufrir problemas laborales.

❑ **Cluster 2/3 :relación sentimental + victimas de mobbing & educación familiar + victimas de mobbing.**

Se unen estos dos clusters porque ambos se encuadran dentro de haber sufrido problemas laborales de estrés o u hostigamiento con anterioridad, además de tener antecedentes familiares y personales conflictivos. En el primer cluster (2) se observa que los participantes nos informan de haber tenido en alguna ocasión parejas celosas, y posesivas en donde les ha tocado acceder a sus demandas así como en ocasiones también haber sufrido hostigamientos, aislamiento, coaccionamiento laboral, a la vez que percibir un ambiente hostil en trabajos anteriores. Es en este perfil donde se juntan problemas de pareja con problemas laborales de estrés donde se dan las frecuencias más bajas en ambos campos. Dentro del perfil (3) observamos a participantes que en algunas ocasiones han percibido haberse educado en un ambiente severo y rígido a la par que sobreprotector, y a la vez informar en una frecuencia muy elevada (casi siempre/ siempre) haber sufrido problemas de hostigamientos, Coaccionamiento, asilamiento y ambiente hostil en trabajos anteriores. Es por tanto esta segunda combinación de ambiente familiar más situación de mobbing o estrés laboral en anteriores trabajos, la que genera una frecuencia de ocurrencia mucho más elevada. Hemos de tener en cuenta, que juntando estos dos cluster, nos encontramos con casi el 50% de participantes (25 sujetos).

❑ Cluster 4 : vida previa no conflictiva.

Dentro de este último grupo (un total de 16 sujetos) seda una ausencia de problemáticas dentro de la vida de los participantes a todos los niveles, familiar, sentimental / de pareja y laboral . Tan solo hay una leve percepción de haber sufrido castigos rígidos en la infancia y haber sentido alguna presión en anteriores trabajos, pero en una frecuencia e intensidad bastante inferior a los anteriores perfiles, por lo que se podría argumentar, que los participantes que se encuentran en este grupo han tenido una vida sin excesivos conflictos, y tampoco han tenido una historia laboral previa que haya sido problemática.

Si realmente se da algún tipo de relación entre los modos de afrontamiento y el tipo de historia de vida previa que los participantes han tenido, solo se observa a partir de los resultados obtenidos en las tablas de contingencias. El valor de los índices obtenidos no son significativos, por lo que se indica que la relación existente entre ambas variables no es clara (C= 0.43; p>0.05, Chi Cuadrado = 15.3, p>0.05).Si se realiza un análisis más detallado y en profundidad de cada uno de los niveles dentro de ambas variables, observamos que del 36.9% de los participantes que se encuentran dentro del perfil (1)"educación familiar", el 21% se corresponde con una respuesta de afrontamiento pasivo – leve y el 10.8% se enmarca dentro de un afrontamiento puramente pasivo. Por lo tanto, *las personas que han o percibido tener una educación severa, estricta o rígida en la infancia, tienden a realizar respuestas de afrontamiento pasivas o sinérgicas, o similares aunque en menor frecuencia.*

Dentro de los perfiles de "victimas de mobbing recurrentes" (cerca del 60%de la muestra), el 32.3% de ellos también se encuadran dentro de un tipo de respuestas pasivo- leve y el 17% en respuestas pasivas. En una proporción ínfima se encuentran personas que utilizan respuestas de afrontamiento activas – mixtas o autocontroladas (3.1%). Por lo tanto, también en este segundo perfil, se repite al igual que en el anterior, que *aquellas personas que han sido victimas en anteriores trabajos de situaciones hostiles y/o estresantes laborales, tienden a manifestar respuestas pasivas de afrontamiento ante situaciones actuales de conflictos en el trabajo.*Por último, dentro del perfil (4) relacionado con la ausencia de problemática tanto en la historia de vida personal como profesional del 24,6% del total que conforman el grupo, el 16.9% realizan un afrontamiento activo-autoncontrolado, haciendo participes de lo que les sucede a su entorno próximo así como plantar cara a los hostigadores. Por lo tanto, *aquellos participantes que no han tenido un historial problemático o conflictivo previo, suelen tener una tendencia de respuesta más activa que los anteriores.*

Tabla11. Relaciones entre modos de afrontamiento y tipos de historia de vida.

Tipos historia de vida	Modos de afrontamiento.			
	(1) pasivo	(2) pavio-leve	(3) activo-autocontrolado	(4)activo + apoyo institucional
(1) educación familiar	29.2%	58.3%	8.3%	4.2%
(2) relación sentimental + victima mobbing	18.2%	31.8%	36.4%	13.6%
(3)educación familiar + victima mobbing	33.3%	66.7%		
(4) vida previa no conflictiva	18.8%	68.8%		12.5%

*p<0.05; C: coeficiente de contingencia. (n= 65)

(nota: proporciones obtenidas bajo el 100% de cada celda)

Obtenemos por tanto, ligeras tendencias a responder de forma pasiva ante conflictos si se ha tenido una historia familiar , sentimental o laboral previa problemática o cargada de estrés. Se resume en la siguiente tabla, las tendencias encontradas dentro de nuestro análisis de contingencias entre las tipologías de historia de vida y las respuestas de afrontamiento.

Tabla 12. Resumen de las relaciones entre los distintos tipos de historia de vida y afrontamiento (n=65)

PERFILES HISTORIA DE VIDA	TIPOLOGÍAS DE RESPUESTAS DE AFRONTAMIENTO
Educación familiar	*Afront. Pasivo-leve* (2)teniendo conductas de afrontamiento pasivas y en general, no se dan un gran repertorio de conductas de afrontamiento también realizan un *afrontamiento (1)* , *pasivo*, asumiendo la responsabilidad de lo ocurrido en ellos mismos y adoptando respuestas de no confrontación , así como la predisposición a introyectar el problema
Relación sentimental + victimas de mobbing	*Afrontamiento (3).autocontrolado*, realizando tanto algún tipo de conducta de afrontamiento activa combinándolo con respuestas de afront. Pasivo, todas ellas en una frecuencia elevada .Afrontamiento (2) *afrontamiento pasivo-.leve*, reduciendo las respuestas de afrontamiento, o teniendo respuestas pasivas en baja frecuencia.
Educación familiar + victimas de mobbing	No hay representación suficiente como para establecer asociaciones con perfiles de afrontamiento
Vida previa no conflictiva	*Afrontamiento (2) afrontamiento pasivo-* leve, con baja frecuencia de respuestas, y con baja frecuencia se realizan conductas de afrontamiento pasivas

Como conclusión , se *han encontrado cuatro perfiles diferenciados de respuestas de afrontamiento* en nuestra muestra ante situaciones estresantes u hostiles en el trabajo. Todas ellas se encuadran dentro de un continuo , desde respuestas más pasivas hasta más activas haciendo uso del apoyo institucional, legal o sanitario.. Aunque la relación no está muy clara*, si que existe una ligera tendencia en aquellos participantes que han tenido historias de vida complicadas /conflictivas* (relaciones de pareja difíciles debido a parejas posesivas, o celosas, educación familiar en ambientes restrictivos, rígidos o severos, antecedentes situaciones laborales previas también de hostigamiento o estrés) *a tener un tipo de respuestas de afrontamiento pasivo o pasivo leve*, más que activo.

• PREDICCIÓN (3).

En esta tercera predicción se observa cómo es la relación de los síntomas de salud en los trabajadores que se encuentran en las tres situaciones laborales obtenidas, y más en concreto en aquellas dos que producen más conflicto a la persona (situación de mobbing y de estrés intermitente). Así mismo, se intentará ver si existe alguna relación entre tener un modo de afrontamiento específico y padecer una mayor o menos sintomatología física y psicológica.

3→ *Se espera encontrar una relación significativa entre la sintomatología de salud, las respuestas de afrontamiento y las situaciones laborales, presentando mayor probabilidad de padecer un cuadro de síntomas de salud, aquellos participantes que se encuentran en una situación de estrés laboral y hostigamiento y que a su vez, presentan perfiles de afrontamiento pasivos, que aquellos que se encuentran en una situación de normalidad laboral y que pueden presentar perfiles de afrontamiento activos*

En primer lugar hacemos una valoración general de cómo se perciben los síntomas de salud enumerados en el listado del autoinforme aplicado, dentro de nuestros participantes, a través de los descriptivos obtenidos. Posteriormente se observará la relación entre ellos y la situación laboral así como los distintos modos de afrontamiento encontrados, aplicando análisis de varianza y de contingencias .

Tabla 13. descriptivos de síntomas de salud. (N= 65)

SÍNTOMAS DE SALUD	MEDIA	DESV. TÍPICA.
1. Dolor de espalda	2.83	1.92
2.Dolor muscular/articulaciones	2.55	1.94
3. Irritabilidad	2.40	1.79
4.Bajo estado de ánimo. Depresividad	2.14	1.73
5. Dolor de cabeza/nuca	2.28	1.81
6. Dificultad para dormir	1.77	1.84
7. sueño ligero, interrumpido	2.05	1.92
8. dificultad para concentrarse	2.18	1.99
9. Apatía	1.95	1.85
10. llanto, ganas de llorar	0.71	1.21
11. Agresividad	1.12	1.49
12. Falta de apetito	0.94	1.43
13. Dolor de estómago/ diarrea	0.68	1.23
14. Fatiga crónica	1.37	1.76
15. Palpitaciones /taquicardia.	0.37	1.10

(Nota: en cursiva aquellos síntomas con mayores medias dentro de la muestra)

Se observa por tanto, que los participantes presentan con una frecuencia elevada (alrededor de 1 vez cada semana, o semanalmente) dolores físicos musculares y de articulaciones. Significativo es el hecho de encontrarse con la misma frecuencia temporal , síntomas emocionales (estados depresivos o irritables). En menor medida (una vez cada dos semanas) se encuentran dificultades para concentrase y problemas de sueño (síntomas a su vez de trastornos del estado de ánimo, es decir, ansiedad o depresión)

Para observar la relación existente entre los distintos tipos de situación laboral y los síntomas de salud, se realiza un análisis de varianza de un solo factor, obteniéndose diferencias significativas en casi todos los items de salud en los tres tipos de situación laboral. Se muestra en la siguiente tabla los resultados de los contrastes.

Tabla 14. Análisis de varianza entre síntomas de salud y situación laboral (n= 65)

VARIABLES DE AFRONTAMIENTO	TIPOS DE SITUACIÓN LABORAL						F	Sig.
	1. Ausencia Mobbing		2 Situación de Mobbing		3. Situqación de alto estrés intermitente			
	Media	Dt	Media	Dt	Media	Dt		
Dolor de espalda	2.28	1.92	3045	1.51	3.80	1.78	4.509	**
Dolor muscular/ articulaciones	1.79	1.78	3.45	1.44	3.87	1.77	9.601	***
Irritabilidad	1.54	1.33	4.00	1.41	3.47	1.77	17.496	***
Bajo estado de ánimo, depresividad	1.31	1.24	3.09	1.81	3.60	1.50	17.400	***
Dolor de cabeza/ nuca	2.03	1.75	2.00	1.73	3.13	1.85	2.278	
Dificultad para dormir	1.15	1.46	2.36	2.11	2.93	1.91	6.845	**
Sueño ligero, interrumpido	1.54	1.70	2.73	2.05	2.87	2.07	3.700	
Dificultad para concentrarse	1.46	1.65	3.73	1.79	2.93	2.12	8.573	**
Apatía	1.59	1.60	3.27	1.90	1.93	2.09	3.874	*
Llanto, ganas de llorar	0.38	0.78	1.36	1.75	1.07	1.44	4.024	*
Agresividad	0.79	1.03	3.00	1.61	0.60	1.45	15.202	***
Falta de Apetito	0.51	0.82	1.36	1.63	1.73	2.09	5.074	**
Dolor de Estómago / Diarrea	0.41	0.88	1.00	1.26	1.13	1.26	2.450	
Fatiga crónica	090	1.47	318	1.99	1.27	1.49	9.164	***
Palpitaciones /taquicardia	0.13	0.66	1.09	1.70	0.47	1.30	3.656	*

***p<0.001; **p<0.01; *p<0.05

Hemos de tener en cuenta que los resultados obtenidos indican que existe mucha comorbilidad entre las situaciones de mobbing laboral y de estrés intermitente aunque si se dan tendencias a la hora de encontrar en mayor grado ciertos síntomas en una situación laboral que en otra.

Los estadísticos utilizados el análisis post- hoc que nos informan de las tendencias entre diferencias existentes en grupos específicos (Games Howell ya que no se confirma la hipótesis de homocedasticidad) nos indica que en las situaciones de estrés intermitente en el ámbito laboral, se suele dar en mayor medida síntomas de dolores de espalda y dolores musculares En cuanto a síntomas psicológicos , suelen darse síntomas depresivos y agresividad. En menor medida encontramos síntomas de fatiga crónica y de depresividad ,y por último como síntoma patognomónico encontramos dentro de este grupo la dificultad para dormir. En la situación de mobbing laboral encontramos que se da en primer lugar síntomas de irritabilidad y de fatiga crónica, así como síntomas patognomónicos dentro de este grupo encontramos: apatía y dificultad de concentración. En menor medida que en el grupo anterior se encuentran síntomas físicos como dolor de espalda, musculares y de articulaciones, agresividad y depresividad. Dentro del grupo ausencia de situaciones estresantes o de mobbing no encontramos ningún síntoma físico o emocional claramente marcado, por lo que se caracteriza por ausencia de síntomas.

Pasamos ahora a detallar los resultados encontrados dentro de la relación entre modos de afrontamiento y síntomas de salud. encontramos que no en todos los síntomas de salud estudiados se encuentran diferencias significativas en función de los perfiles de afrontamiento

Tabla 15. Análisis de varianza entre modos de afrontamiento y síntomas de salud. (N=65)

SALUD X AFRONTAMIENTO.

AFRONTAMIENTO

	1(pasivo)		2(pasivo-leve)		3 (activo)		4(activo+apoyo inst)		F Sig.
	Media	Dt	Media	Dt	Media	Dt	Media	Dt	
dolor de espalda	3.40	1.88	2.35	1.92	3.00	2.00	3.83	1.47	**1,77**
dolor muscular/articulaciones	3.47	2.00	1.91	1.76	3.00	2.00	3.17	1.83	2,96*
irritabilidad	3.87	1.41	1.41	1.33	3.50	1.72	2.50	1.76	12,34***
bajo estado de ánimo, depresividad	3.80	1.47	1.18	1.11	3.10	1.60	1.83	1.72	15,41***
dolor cabeza/nuca	2.87	1.88	2.03	1.75	2.20	2.04	2.33	1.63	**0,74**
dificultad para dormir	3.27	1.91	1.26	1.50	1.60	1.71	1.17	1.94	5,33**
sueño ligero, interrumpido	2.80	2.04	1.59	1.71	2.30	2.16	2.33	2.16	**1,55**
dificultad para concentararse	4.00	1.46	1.24	1.52	3.00	2.21	1.67	1.75	10,86***
apatía	2.53	2.00	1.35	1.55	3.00	2.05	2.17	1.83	3,05*
llanto, ganas de llorar	1.00	1.41	0.41	0.82	1.20	1.62	0.83	1.60	**1,59**
agresividad	0.80	1.57	0.82	1.11	2.20	1.81	1.83	1.94	3,16*
falta de apetito	2.07	2.05	0.44	0.61	1.30	1.70	0.33	0.82	6,257**
dolor de estómago/diarrea	0.87	1.73	0.50	0.96	0.70	0.95	1.17	1.60	**0,665**
fatiga crónica	2.20	1.86	0.74	1.42	2.40	1.84	1.17	1.83	4,372*
palpitaciones/taquicardia	0.06	0..26	0.18	0.72	1.30	1.95	0.67	1.63	3,68*

***p<0.001;**p<0.01;*p<0.05

Si hacemos un repaso de cada síntoma observamos que dolor muscular, irritabilidad, estado de ánimo deprimido, dificultad para dormir y concentrase, falta de apetito y fatiga crónica, presentan una media más elevada en el grupo de personas que se encuadran dentro de un afrontamiento pasivo. Auque se observa que existe una gran comorbilidad entre el grupo de afrontamiento pasivo y pasivo- leve en cuanto a los síntomas de salud.

Los síntomas de apatía, agresividad y palpitaciones y/o taquicardia, obtienen las medias más elevadas en el tipo de afrontamiento activo- autocontrolado, diferenciándose de los tipos pasivo o pasivo leve, en donde se obtienen medias elevadas, pero en menos medida; aunque también en el síntoma de "falta de apetito" obtiene una media elevada, mayor que el tipo de afrontamiento pasivo-leve..

A modo de conclusión se puede resumir, que aquellos participantes que presentan un modo de afrontamiento más pasivo, sinérgico o sumiso poseen un mayor número de síntomas de salud asociados; en menor medida padecen síntomas aquellas personas que se encuadran dentro de un tipo de afrontamiento más activo, encontrándose con ausencia de síntomas aquellos que además de tener un afrontamiento activo, además hacen uso de los apoyos institucionales que tienen a su alcance, es decir, que este tipo de personas que utilizan en mayor medida un tipo de afrontamiento activo haciendo uso de los apoyos sociales y comunitarios, , minimizan al máximo el riesgo de sufrir alguna sintomatología asociada. Además, encontramos que se presenta *mayor número de síntomas en las situaciones tanto de estrés intermitente como de hostigamiento psicológico o mobbing laboral* (habiendo mucha comorbilidad de síntomas entre estos dos grupos) , no encontrando síntomas en las situaciones de ausencia de problemas o conflictos laborales.

Tabla 16. Descripción de la relación entre situación laboral, síntomas de salud y afrontamiento.

SITUACIÓN LABORAL	SÍNTOMAS DE SALUD	RESPUESTAS DE AFRONTAMMIENTO
AUSENCIA DE MOBBING	No se encuentran síntomas	Perfil de afrontamiento (2)afront. Pasivo-leveNo hay mucha necesidad en el entorno de mostrar una respuesta de afrontamiento definida y en caso de que se diera algún tipo de afrontamiento, sería el tipo afrontamiento (4) activ+apoyo institucional
MOBBING	Síntomas patognomónicos: apatía, dificultad para concentrase. Síntomas que se encuentran con mayor frecuencia de aparición: irritabilidad, fatiga crónica. Síntomas que se encuentra con menor frecuencia: dolor de espalda, articulaciones, musculares, Depresividad, agresividad	Perfil Afrontamiento (3), autocontrolado con respuestas de afrontamiento activo, pero también de asumir algunas conductas de hostigamiento, intentando controlar la situación también se da Perfil de afrontamiento (1), se realiza un tipo de afrontamiento pasivo, llevando en silencio y consigo mismo el problema laboral .En menor medida se da el apoyo (4) apoyo activo+instuticonal.
STRESS INTERMITENTE	Síntomas patognomínicos: dificultad para dormir. Síntomas que se encuentran con mayor frecuencia de aparición: dolor de espalda, dolor muscular / articulaciones, Depresividad y agresividad. Síntomas que se encuentran en menor frecuencia: fatiga crónica e irritabilidad	Perfil De afrontamiento (1) realizan un tipo de afrontamiento pasivo, llevando en silencio el problema laboral, y en menor medida (3) afront. Autocontrolado, intentando realizar algunas conductas asertivas de plantar cara,y otras pasivas para minimizar conflictos y evitar generar más estrés.

• PREDICCIÓN (4).

En esta última predicción nos centramos en las diferencias de género dentro delas variables estudiadas, situación laboral, afrontamiento, salud e historias de vida; intentando observar si tanto en mujeres como en hombres existen perfiles característicos de actuación ante una situación hostil a laboral ,a sí como síntomas característicos de salud, e historias de vida particulares

4→*Se espera encontrar ligeras tendencias a favor de las mujeres a encontrarse en situaciones laborales de estrés laboral que los hombres; así mismo, se esperan encontrar diferencias en perfiles de afrontamiento e historial de vida, prediciendo que se encontrarán mayor tendencia de afrontamiento pasivo y perfiles de historial familiar sobreprotector en mujeres que en hombres, predisponiéndolas a éstas a ser víctimas reincidentes de mobbing o de estrés laboral*

Para determinar la primera parte de la nuestra predicción se ha seleccionado segmentos muestrales proporcionales en edad, puesto y nivel educativo, de ambos sexos; debido a la mayor representatividad de hombres que de mujeres dentro del total de personas encuestadas. Por lo tanto, el recorte realizado contiene un total de 18 hombres y 13 mujeres , con similitud en las variables anteriormente mencionadas. Los resultados obtenidos muestran que se da una relación estadísticamente significativa entre ambas variables , es decir, existe una relación clara entre la presencia o ausencia de situaciones estresantes o mobbing laboral en función del sexo(Chi cuadrado =7.02; p<0.05 gl=2; C=0.431; p<0.05). A continuación mostramos los resultados obtenidos dentro de la tabla de contingencias. (Se adjunta en el Anexo II- tablas, tabla correspondiente al análisis de contingencias con la muestra total n= 65 de hombres y mujeres, aunque no se haya tenido en cuenta para el análisis)

Tabla11. Relación de contingencias entre SEXO * SITUACIONES DE MOBBING

SEXO		(1) Ausencia de situación de mobbing	(2) Presencia de situación de mobbing	(3)situación de estrés laboral intermitente	Total
hombre	% de SEXO	61,1%	27,8%	11,1%	100,0%
	% del total	35,5%	16,1%	6,5%	58,1%
mujer	% de SEXO	38,5%	7,7%	53,8%	100,0%
	% del total	16,1%	3,2%	22,6%	41,9%

(N= 31)

* p<0.05

Si realizamos un análisis más detallado de la tabla de contingencias , se observa que aunque la mayoría tanto de hombres y mujeres se encuentran en una normalidad laboral (cluster 1 de situación laboral), se da una ligera tendencia encontrar mayor numero de mujeres en situación de estrés laboral(53.8%)que hombres (11.1%). Con este resultado se corrobora en este estudio, las conclusiones de Piñuel en su informe CisnerosII, concretando que, aunque situaciones de estrés laboral y mobbing son independientes del sexo, existe una ligera tendencia a ser sufridos en mayor medida por las mujeres. Piñuel encuentra que aunque el mobbing afecta tanto ahombres como a mujeres, existe un mayor riesgo en el segundo riesgo encontrando una frecuencia de varones del 46.12% frente al 53.88% en las mujeres primera. En una muestra de 2410 sujetos.

Vemos ahora la relación existente entre historias de vida y sexo Los resultados de los índices encontrados, (Chi cuadrado = 1.932,p>0.05; C= 0.17, p>0.05) no indican tendencias claras o definidas.

Realizando un análisis detallado de las celdas dentro de la tabla de contingencias, se observa que la proporción de hombres se distribuye más o menos por igual entre los perfiles de historia de vida (1) "educación familiar" (un 35% y en el perfil (2) de victimas recurrentes de mobbing con relaciones sentimentales problemáticas" (un37%). En menor medida se encuentran hombres dentro de un patrón de vida libre de conflictos previos.(perfil 4)

Tabla 12. Relación entre los tipos de historia de vida y sexo.(n=65)

Tipos de historia de vida.

			1.Educación familiar	2.pareja+ victima moobing	3.educación +victima de moobing	4.ausencia de vida conflictiva	Total.
SEXO	hombre	% de SEXO	35 %	37 %	6 5 %	23 %	100%
		% del total	28 %	29 %	%	18 %	80 %
	mujer	% de SEXO	46 %	23%		31 %	100 %
(n= 65)		% del total	9 %	5%		6 %	20 %

En cuanto a las mujeres, la mayor proporción dentro de la muestra se encuentra dentro del perfil (1) "educación familiar" relacionándose por tanto con una educación sobreprotectora, rígida y severa (un 46%. En segundo lugar, se encuentra una amplia representación dentro del perfil (4) " ausencia de vida conflictiva" (un 31%). No se encuentra apenas, representación femenina en victimas recurrentes de mobbing que han tenido problemas de pareja anteriores o educación estricta. *Por lo tanto, vemos que las mujeres, o bien no han tenido ningún tipo de historial previo con complicaciones de situaciones estresantes, o bien han tenido una educación que ellas han percibido como rígida, estricta , severa y sobreprotectora. Así mismo los hombres se encuadran en mayor proporción a percibir que han tenido una educación también estricta , y haber sufrido relaciones tormentosas con parejas celosas y posesivas a la vez que han sido víctimas de mobbing en anteriores trabajos.* Hemos de tener en cuenta la proporción más elevada de hombres que de mujeres; este puede ser un factor de peso a la hora de encontrar representación masculina en todos los niveles de las variables y no así femenina. Esto no significa que los hombres tengan mayor predisposición a sufrir situaciones de hostigamiento o estrés laboral que las mujeres.

Para terminar, observamos   la relación existente entre   los distintos modos de afrontamiento encontrados en función del sexo. EL valor de los índices encontrados indican que existe relación significativas en las respuestas de afrontamiento en función del sexo (Chi cuadrado = 13.98; P<0.01, C= 0.421; p<0.01). Observando detenidamente   los resultados de la tabla que mostramos a continuación encontramos las siguientes tendencias; se da una mayor proporción de hombres dentro del tipo de afrontamiento (2) pasivo – leve, seguido del (3) afrontamiento activo- autocontrolado. Aunque   se encuentra representación masculina dentro de los cuatro modos de afrontamiento, es en estos dos donde hallamos una proporción mayor .En mujeres, en cambio, encontramos únicamente representación en 3 de los cuatro perfiles , siendo los tres primeros (hemos de tener en cuenta que la proporción de mujeres es inferior a la de varones), se obtiene mayor representación dentro del perfil (1) afrontamiento pasivo , seguido del (2) pasivo- leve. Por último se encontraría el perfil (3) de afrontamiento activo- autocontrolado con una representación mínima. Como se ha indicado, el perfil (4) de afrontamiento activo + apoyo institucional no tiene ningún tipo de representación femenina.

Tabla 13. Relación entre los modos de afrontamiento y sexo.(n=65)

Tabla de contingencia SEXO * Número inicial de casos afrontamiento

SEXO			Número inicial de casos afrontamiento				Total	
			1 pasivo	2 pasivo /leve	3 activo/ autocontrolado	4 activo + apoyo institucional.		
hombre	% de SEXO		13 %	58 %	17 %	12 %	100	%
	% del total		11 %	46 %	14 %	9 %	80	%
mujer	% de SEXO		62 %	31 %	8 %		100	%
	% del total		12 %	6 %	2 %		20	%

En el análisis detallado que hemos realizado, encontramos que *las mujeres tienden a ubicarse dentro una educación familiar sobreprotectora, estricta y rígida, o bien sin problemas conflictivos dentro de su historia de vida* previa. Así mismo, en cuanto a su modo de afrontamiento, *ellas tienen la ligera tendencia a adoptar mecanismos de afrontamiento pasivos o pasivos- leves.* En *el caso de los varones,* se observa que al igual que *ellas también se perciben a sí mismos como habiendo sido criados bajo una educación familiar estricta o severa, además de haber tenido problemas con parejas celosas o posesivas y haber sido víctimas anteriormente de problemas de estrés o ambiente hostil en su lugar de trabajo;* así mismo, *ellos tienden a manifestar respuestas de afrontamiento o bien pasivas- leves o activas- autocontroladas,* encontrando aquí una diferencia con las mujeres cuyas respuestas de afrontamiento son más pasivas que las de los varones.

Como conclusiones dentro de esta última predicción, hemos observado cómo existe una ligera tendencia en las mujeres a encontrarse en situaciones de estrés laboral en mayor proporción que los hombres; aunque la mayoría de ellos y ellas se encuentran en una situación de ausencia de situaciones laborales estresantes, si que se puede corroborar también aquí, los resultados encontrados por Piñuel, I (2002) dentro de su informe CISNEROS. Así mismo, y en cuanto al tipo de historia de vida previa que han percibido nuestros participantes, ellas informan de o bien , no haber tenido ningún tipo de conflicto familiar, laboral o de pareja previo, o bien haber sido educadas dentro de un tipo de familia sobreprotectora, con pautas estrictas y rígidas, a su vez, tienden a tener respuestas de afrontamiento pasivas o pasivas leves. En cambio, ellos perciben haber tenido problemas anteriormente en cuanto a haberse criado en una familia estricta, severa y rígida o que han tenido problemas con parejas ya que estas han podido ser celosas o posesivas, a la vez que en anteriores trabajos de situaciones estresantes o de algún tipo de hostigamiento laboral..Además, tienden a realizar respuestas de afrontamiento ante este tipo de situaciones de forma pasivas- leves o bien activas- autocontroladas, teniendo ellos mayor tendencia a adoptar respuestas activas que las mujeres. En cierta medida, se corroboran los datos obtenidos por Khalor(2000) e Inverzzini (2000), observando la relación entre ciertos problemas sociales y vitales premórbidos y situaciones hostiles laborales, pudiendo llegar a modular la capacidad de aguante al estrés laboral, y por tanto , también el tipo de respuestas de afrontamiento.

4. CONCLUSIONES GENERALES.

Valorando el presente trabajo de investigación en su conjunto, se señalan a continuación los principales resultados y aportaciones más relevantes del mismo.

En primer lugar destacar la creación de autoinforme capaz de proporcionar información no solo de la presencia o ausencia de sufrir mobbing en el trabajador, sino además de otras variables de interés relacionadas con la situación de hostigamiento psicológico laboral como son : síntomas de salud, modos de afrontamiento, así como la historia de vida previa del empleado aportando información sobre otros conflictos previos tanto a nivel familiar, de relaciones sentimentales y de situaciones laborales anteriores. Como se apuntaba en los razonamiento teóricos dentro de esta investigación, no existe un consenso en la utilización de autoinformes, escalas o cuestionarios en la exploración psicológica. Hasta ahora, se ha empleado los listados de situaciones laborales de Leyman, y Karlehegen (1983) adaptado posteriormente a múltiples países y entornos de trabajos (en España se destacan los trabajos de Piñuel, I)Además , de la utilización de la utilización de otras múltiples pruebas de screenning y autoinformes para detectar además de mobbing, otros síntomas concomitantes,: problemas de salud, estrés postraumático, etc. Nuestra pretensión dentro de este trabajo ha sido generar una prueba que pudiera aportarnos además de datos no solo de la situación de mobbing, sino también , de otras variables de interés en el estudio de la situación laboral de una forma cómoda y usando un solo autoinforme; el cual obtiene buenos índices de fiabilidad y validez.

Centrándonos en el estudio de las situaciones de hostigamiento laboral, se ha observado que no únicamente el listado de situaciones de hostigamiento laboral de Leymann (se ha utilizado la versión que realizó Piñuel, I , 2002 en su informe CISNEROS), informa de la presencia o ausencia de mobbing.; también indica aporta, en función de la intensidad y la frecuencia con que se padecen, de otras situaciones laborales que , sin llegar a ser mobbing, también provocan un alto grado de estrés y sufrimiento al trabajador. Por lo tanto, ha de diferenciarse bien las situaciones de estrés laboral (más relacionadas con sobrecarga de actividades, limitaciones de tiempos e imposibilidad de acceder a todos los recursos laborales necesarios) con las situaciones propiamente dichas de mobbing (éstas implican una intención clara por parte de otros de hostigar , acosar moralmente y/o eliminar del entorno laboral a la víctima).En nuestro trabajo, se ha encontrado que tienen una mayor predisposición a sufrir tanto situaciones de estrés laboral como de mobbing, los trabajadores más jóvenes (entre 25-30 años) , que están situados en la escala más baja de puestos laborales dentro de la empresa de servicios informáticos Atos – Origin (programador , analista programador) y en proporción, padecen ligeramente más este tipo de situaciones las mujeres que los hombres.

Se ha encontrado además, que existe una relación clara entre ciertos tipos de afrontamiento e historias de vida previas y este tipo de situaciones laborales en los trabajadores que las padecen. Como se ha encontrado en la bibliografía consultada (González de Rivera y López García, 2003), existe un prototipo de víctimas "vulnerables" debido a sus respuestas de afrontamiento pasivas y sinérgicas ante la situación que nosotros hemos corroborado en los resultados obtenidos. Existe una relación entre aquellas personas que están sufriendo mobbing propiamente dicho y una tendencia a presentar respuestas de afrontamiento de corte más pasivo que aquellos que sufren situaciones de estrés intermitente   laboral, que aunque también presentan respuestas de afrontamiento pasivo, coexisten con modos de afrontamiento más activos .Siguiendo la línea de trabajo de Khalor y Amin (2000) proponiendo que a mayor autoestima menor grado de estrés autopercibido y mayor respuestas de afrontamiento activo ante situaciones de conflicto laboral, encontramos en nuestros resultados que existe una relación entre ciertas variables de historia de vida previa (educación sobre protectora , severa y rígida, parejas celosas , y posesivas en donde los entrevistados han tenido que acceder a sus demandas, o conflictos laborales previos) que se relacionan con modos o respuestas de afrontamiento pasivo. Aunque , variables más dramáticas como : abusos en la infancia, negligencias en el cuidado y malos tratos con la pareja no han sido relevantes en el estudio que hemos realizado no encontrando a nadie dentro de nuestra muestra que haya estado en estas situaciones, siguiendo a   Inverzzinni (2000) no podemos corroborar que aquellas personas que han sufrido ciertos conflictos estresantes como abusos previos en su historia de vida sean más vulnerables a padecer problemas laborales de hostigamiento o mobbing, aunque probablemente haya una predisposición a que esto suceda (en caso de que hubiéramos encontrado representación dentro de las personas encuestadas) ya que si se corrobora la línea de investigación planteada por Khalor y Amin relacionando   el grado de autoestima con mayor adaptación al estrés y el tipo de afrontamiento. Además, se observa   que las mujeres tienden a haber tenido una infancia sobreprotectora , rígida y estricta y además tienden a mostrar respuestas de afrontamiento pasivas o pasivas- leves ante las situaciones de mobbing o estrés intermitente laboral; recordando que a igual proporción de hombres y mujeres, éstas dentro de nuestra muestra tienden a tener mayor problemas laborales que ellos (siguiendo la línea de lo planteado por Piñuel, I 2002) Los hombres, tienden a percibir haber tenido problemas de una infancia también rígida y estricta, además de problemas de parejas celosas y posesivas. Este tipo de hombres tienden a manejarse bajo modos de afrontamiento pasivos o activos – autocontrolados y a ser vulnerables para sufrir situaciones de mobbing laboral o estrés.

En cuanto a las variables de salud, observamos que las situaciones de estrés laboral generan síntomas específicos que a la larga pueden a llegar a ser seriamente perjudiciales para la salud dentro de los trabajadores que los sufren (Martín Daza, 2000) De hecho, en nuestro estudio hemos encontrado síntomas característicos en aquellos trabajadores que están sufriendo estrés o mobbing laboral, de aquellos que no lo sufren , encontrando en estos últimos una ausencia de los mismos. Dentro de los dos primeros grupos, encontramos comorbilidad de efectos psicosomáticos, desequilibrios a nivel del sistema nervioso y problemas de sueño, tal y como plantean Martín Daza y Camp , (1996); aunque podemos observar algunos síntomas patognomónicos propiamente de las situaciones de mobbing (dificultad en la concentración, apatía y mayor tendencia a la fatiga y a la irritabilidad) y también en las situaciones de estrés intermitente (dificultad para dormir, y tendencia a mayores problemas musculares y de articulaciones). Además también se han encontrado tendencias a manifestar síntomas depresivos en estos trabajadores, siguiendo las hipótesis de investigación de Borrás Roca (2002) y Lamela (2002) dentro de los cuadros de mobbing.

Para terminar cabe destacar que nuestro estudio es consistente con los resultados encontrados en parte dentro del informe CISNEROS (Piñuel, 2002) y los estudios que relacionan casos de mobbing con tipologías de víctimas (González de Rivera,2003) así como variables premórbidas: autoestima, adaptación, y tipologías de historia de vida (Inverzzinni, 2000 ; Amin y Khalor , 2000)Además de seguir la línea de lo planteado por Martín Daza (1996) en cuanto a la sintomatología característica asociada a los cuadros de estrés laboral , y tendencia también manifestar síntomas depresivos (Borrás Roca, 2002; Lamela 2002)

5. LIMITACIONES Y PERSPECTIVAS FUTURAS

La ausencia de una prolifera investigación científica que relacionen   situaciones de mobbing con otras variables específicas (afrontamiento, sintomatología de salud e tipologías de personalidad previa o historias de vida previas) nos hace tomar los datos con prudencia, más aún, teniendo en cuenta que no son muchos los casos de mobbing o estrés laboral que encontramos en las estadísticas o encuestas realizadas a nivel general. Estos resultados tan solo son representativos para el grupo de trabajadores de servicios informáticos de Atos – Origin., debiendo ser contrastado con otros grupos de trabajadores de otras áreas para lograr una adecuada comprensión de la relación entre las variables estudiadas, así como poder aumentar la representación de mujeres trabajadores para podernos permitir hacer contrastes de sexos claramente significativos

Como perspectivas futuras, nos planteamos *mejorar el autoinforme* creado dentro de este trabajo de investigación, de manera que nos permita obtener información no únicamente de la situación laboral actual   o de seis meses hasta la fecha en nuestros trabajadores, sino también   recabar información sobre situaciones continuadas de mobbing que se hayan sufrido   en años anteriores.

Por otra parte, nos gustaría introducir dentro de nuestro estudio la estructura de *los estilos de personalidad* dentro de las víctimas de mobbing de forma que pueda hacer más rico el entendimiento en cuanto a la configuración de cierto tipo de identidad de la victima que   se expresa a través de modos de afrontamiento específicos. Investigando los estilos de personalidad, en relación con la historia de vida previa , podemos llegar a predecir cual será el tipo de frotamiento característico que haga que   en las situaciones de estrés laboral, la victima tenga una mayor o menor adaptación, lo cual implicará tener en también en mayor o menor intensidad problemas de salud. Para ello,   se intentará atender a los moderos multiaxiales de personalidad interaccionistas e integradores, apuntando al modelo de personalidad de Th Millon (1990), el cual cumple con dichos requisitos.

" El alma del hombre no puede actuar a su libre albedrío porque
la necesidad de resolver los problemas que surgen constantemente
en la vida determina la dirección de su comportamiento.
La solución de estos problemas está íntimamente unida a la
Lógica dela cultura. No podemos iluminar los lugeres más recónditos
Del alma, ni entenderlos totalmente, porque no podemos escapar
De la trama de nuestra identidad social"

Estudio de la naturaleza humana (Alfred Adler, 1912)

ANEXO I.

Cuestionario1. Comportamientos de maltrato sufridos en situaciones de acoso psicológico laboral(listado CISNEROS II Piúel, I, 2002). A continuación se presentan comportamientos que ud ha podido padecer en los últimos 6 meses. Marque con una cruz la alternativa más próxima a su situación

TADO DE COMPORTAMIENTOS	FRECUENCIA DURENTE LOS ÚLTIMOS 6 MESES					
	0 (nunca)	1 (alrededor de 1vez al mes)	2 (2 veces al mes)	3 (al menos 1 vez a la semana)	4 (al menos 2 veces a la semana)	5 (casi a diario)
ignarle trabajos sin valor o utilidad alguna						
bajarle asignándole trabajos por debajo de su cidad profesional o sus competencias habituales						
jercer contra ud. Una presión indebida o raria para realizar su trabajo						
svalorar sistemáticamente su esfuerzo o éxito esional o atribuirlo a otros factores o a terceros						
aluar su trabajo de manera inequitativa o de a sesgada						
mplificar y dramatizar de manera injustificada es pequeños o intrascendentes						
Menospreciar o menoscabarle personal o sionalmente						
ignarle plazos de ejecución o cargas de trabajo onables						
estringir las posibilidades e comunicarse, r o reunirse con su superior						
Ningunearle, ignorarle, excluirle o hacer el , fingir no vele o hacerle invisible.						
Interrumpir continuamente impidiendo sarse y avasallando a la persona						
ntentar desmoralizar o desanimar le						
brumarle con una carga de trabajo insoportable istas a agobiarle						
signarle tareas o trabajos absurdos						
ealizar críticas y reproches por cualquier cosa ud hace o la decisión que ud. Toma en el jo.						
ontrolar aspectos de su trabajo de forma tencionada para intentarle "cazar"						
cusarle sin base o fundamento por mplimientos, errores , fallos , inconcretos y os						
odificar el trabajo a realizar o sus nsabilidades sin decirle nada						
inusvalorar y echar por tierra su trabajo.						
umillar, despreciar o minusvalorar le en co ante colegas o terceros						
illarle, gritarle, o elevar el tono de voz con a intimidar						
Privarle de información imprescindible y aria para hacer su trabajo						
istorsionar malintencionadamente lo que ud hace en el trabajo.						
ohibir a otros trabajadores hablar con ud.						
rzarle a realizar trabajos que van contra la o la legalidad						
jarle sin ningún trabajo que hacer, ni siquiera iativa propia.						
mitarle el acceso a cursos , promociones, sos.						
menazarle con usar instrumentos disciplinarios a ud.						

Cuestionario 2. Problemas de salud presentados

A continuación se presentan comportamientos que ud ha podido padecer. Seleccione la alternativa que más se ajuste a la frecuencia con la que ha sufrido este tipo de problemas de salud en los últimos 6 meses.

LISTADO DE PROBLEMAS DE SALUD	FRECUENCIA EN LOS ÚLTIMOS 6 MESES					
	0 (nunca)	1 (alrededor de 1vez al mes)	2 (2 veces al mes)	3 (al menos 1 vez a la semana)	4 (al menos 2 veces a la semana)	5 (casi a diario)
1.dolores de espalda						
2.dolores musculares/articulares						
3. irritabilidad						
4bajo estado de ánimo, depresividad						
5.dolor de cabeza/ nuca						
6. dificultad para dormirse						
7. sueño ligero interrumpido						
8.dificultad para concentrarse						
9. apatía, falta de iniciativa						
10. llanto, ganas de llorar						
11. agresividad						
12. falta de apetito						
13.dolor de estómago/diarrea						
14.fatiga crónica						
15..palpitaciones /taquicardia						

Cuestionario 3. Cuestionario de historia de vida.

A continuación marque con una cruz la frecuencia en la que uds ha estado en situaciones semejantes a las que a continuación aparecen reflejadas en las preguntas.

SITUACIONES PERSONALES	1 (NUNCA)	2 (ALGUNAS VECES)	3 (A MENUDO)	4 (CASI SIEMPRE/SIEMRE)
1. En ocasiones ¿ ha sentido que en su familia ha recibido una educación severa, estricta o rígida?				
2. En ocasiones, ¿ha sufrido rígidos castigos en su infancia y/o hostigamientos por parte de sus padres o algún miembro de su familia o entorno?				
3. ¿Considera que ha sido educado en un ambiente sobreprotector con un núcleo familiar bastante cohesionado?				
4. en ocasiones ¿ha sufrido malos tratos físicos/psíquicos por parte e sus padres, de algún oro familiar o persona allegadas?				
5. ¿Ha sufrido algún tipo de abuso sexual o negligencia en su cuidado por parte de sus padres, otro familiar o persona allegada?				
6. En sus relaciones de pareja, ¿ha solido tener parejas posesivas, o sobreportectoras o dominantes y/o celosas?				
7. Por ataques de celos de su pareja y miedo a sus reacciones ¿ha accedido a sus demandas?				
8. En ocasiones ¿ha sufrido malos tratos físicos/psicológicos por parte de su pareja?				
9.¿En ocasiones ¿ha sufrido abusos sexuales por parte de su pareja?				
10. En anteriores trabajos, ¿ha sufrido hostigamientos por parte de sus superiores y/o compañeros?				
11. En anteriores trabajos , ¿se ha sentido infravalorado y/o aislado en su entorno laboral?				
12. En anteriores trabajos, ¿le han coaccionado de alguna manera para realizar actividades que no se corresponden con supuesto laboral?				
13. En anteriores trabajos, ¿ha percibido su ambiente laboral como hostil y/o amenazante?				

Cuestinario 4. Listado de modos de afrontamiento

Ante las situaciones laborales mencionadas anteriormente, indique a continuación como usted suele actuar. Marque con una cruz la alternativa que más se adecue a su modo de afrontarlas.

SITUACIONES DE AFRONTAMIENTO	FRECUENCIA EN LOS ÚLTIMOS 6 MESES					
	0 (nunca)	1 (alrededor de 1vez al mes)	2 (2 veces al mes)	3 (al menos 1 vez a la semana)	4 (al menos 2 veces a la semana)	5 (casi a diario)
1 .aComunica a los compañeros (pareja o familia)lo que le sucede, intentando buscar apoyo social						
2b. Evita reaccionar ante los ataques o malestar laboral						
3.aLlega a ponerlo en conocimiento de sus superiores (directivos)						
4 b. Procura llevar en secreto/silencia lo que le sucede						
5. a. Pide asesoramiento y protección a su sindicato de trabajdores						
6.b. pide la baja laboral o finalización del contrato , procurando no dar explicaciones						
7.a. Planta cara a 1 / los hostigador/es, de forma asertiva						
8.b. Asume calladamente las humillaciones del/los hostigador/es.						
9.a. Solicita asesoramiento legal.						
10.b. accede a las exigencias que se le imponen a pesar de su sobresaturación						
11.a. solicita apoyo y asesoramiento psicológico						
12.b. asume que la causa de su situación es responsabilidad suya, auto-culpándose						

A N E X O II
(tablas)

Tabla1. Descriptivos del área de situaciones laborales del autoinforme generado.(n= 65)

SITUACIONES LABORALES	MEDIA	DESV. TÍPICA.
Asignar trabajos sin valor o utilidad	1.45	1.64
Rebajarle con trabajos por debajo de su capacidad	1.82	1.90
Ejercer presión contra usted	1.49	1.66
Desvalorar su esfuerzo	1.23	1.71
Evaluar su trabajo de manera sesgada	1.65	1.89
Amplificar sus errores	1.14	1.66
Menospreciarle laboral o personalmente	0.94	1.65
Asignarle cargas de trabajo irrazonables	2.34	2.03
Restringir su comunicación	0.94	1.63
Ningunerale / ignorarle	0.86	1.66
Avasallarle como persona	0.66	1.31
Desmoralizarle o desanimarle	1.11	1.79
Abrumarle con cargas de trabajo extensa	1.48	1.97
Asignarle tareas absurdas	1.34	1.48
Criticar cualquier tarea o decisión que usted coma	0.60	1.18
Controlar aspectos de su trabajo	0.43	0.97
Acusarle sin base	0.68	1.25
Modificar el trabajo a realizar sin previo aviso	1.12	1.59
Minusvalorar y echar por tierra el trabajo	0.80	1.44
Humillar, despreciar , chillarle o minusvalorarle ante otros	0.35	0.86
Chillarle, gritarle o elevar el tono con vistas a intimidarle	0.40	1.07
Privarle de información imprescindible para su trabajo	1.32	1.74
Distorsionar malintencionadamente lo que ud dice o hace en el trabajo	0.52	1.12
Prohibir a otros trabajadores hablar con ud	0.15	0.62
Forzarle a realizar trabajos que van contra le ética y la legalidad	.28	0.67
Dejarle sin ningún trabajo que hacer, ni siquiera por iniciativa propia	0.77	1.37
Limitarle el acceso a cursos, promociones, ascensos	2.09	2.15
Amenazarle con usar instrumentos disciplinarios contra ud.	0.40	1.00

Tabla 2. Descriptivos del área de modos de afrontamiento del autoinforme generado (n=65)

RESPUESTAS DE AFRONTAMIENTO	MEDIA	DESV. TÍPICA.
Dolor de espalda	2.83	1.92
Dolor muscular/ articulaciones	2.55	1.94
Irritabilidad	2.40	1.79
Bajo estado de ánimo, Depresividad	2.14	1.73
Dolor de cabeza/nuca	2.28	1.81
Dificultad para dormir	1.77	1.84
Sueño ligero, interrumpido	2.05	1.92
Dificultad para concentrarse	2.18	1.99
Apatía	1.95	1.85
Llanto, ganas de llorar	0.71	1.21
Agresividad	1.12	1.49
Falta de apetito	0.94	1.43
Dolor de estómago/diarrea	0.68	1.23
Fatiga crónica	1.37	1.76
Palpitaciones /taquicardia	0.37	1.10

Tabla 3. contingencia entre sexo y casos de mobbing.(n= 65)

SEXO		(1) Ausencia de situación de mobbing	(2) Presencia de situación de mobbing	(3)situación de estrés laboral intermitente	Total
hombre	% de SEXO	65.4%	19.2%	15.4%	100%
	% del total	52.3%	15.4%	12.3%	80%
mujer	% de SEXO	38.5%	7.7%	53.8%	100%
	% del total	7.7%	1.5%	10.8%	20.1%

*p<0.05

Tabla 4. Análisis de conglomerados –k medias. Del área de situaciones laborales (n=65)

Centros de los conglomerados finales. SITUACIONES LABORALES

	Conglomerado			
	1	2	3	F
asignar trabajos sin valor o utilidad	1	3	2	15.56***
rebajarle con trabajos por debajo de su capacidad	1	4	2	13.80***
presión contra ud	1	3	3	19.40***
desvalorar su esfuerzo	0	4	2	37.71***
evaluar su trabajo de manera sesgada	1	4	1	23.62***
amplificar sus errores	1	3	1	11.21***
menospreciarle laboral o personalmente	0	3	1	24.52***
cargas de trabajo irrazonables	1	4	4	35.24***
restringir su comunicación	0	2	1	35.24***
ningunearle/ignorarle	1	3	0	11.17***
avasallamiento a la persona	0	2	1	9.32***
desmoralizar o desanimarle	0	3	2	20.87***
abrumarle con carga de trabajo extensa	0	3	4	13.95***
asignarle tareas absurdas	1	3	2	88.85***
criticar cualquier tarea o decisión que ud.toma	0	2	1	17.41***
controlar aspectos de su trabajo	0	2	0	28.55***
acusarle sin base	0	2	1	14.66***
modificar el trabajo a realizar sin aviso	0	3	1	17.94***
minusvalorar y echar por tierra el trabajo	0	3	0	23.78***
humillar, despreciar ante otros	0	1	1	29.08***
chillarle o gritarle	0	1	1	16.97**
privarle de invormación	1	3	2	7.40***
distorsionar lo que ud. dice o hace	0	2	0	13.92***
prohibir a otros trabajadores que hablen con ud	0	1	0	15.29**
forzarle a hacer trabajos en contra de su ética	0	1	0	7.07**
dejarle sin ningún trabajo	0	3	0	19.54***
limitarle el acceso a recursos	1	4	4	18.71***
amenazarle con usar instrumentos disciplinarios	0	1	1	5.16**

Tabla5: Análisis de conglomerados de k- medias del área de situaciones de afrontamiento. (n=65)

Centros de los conglomerados finales. SITUACIONES DE AFRONTAMIENTO.

	Conglomerado			
	1	2	3	F
Comunicarlo a los demás	4	2	5	10.,38***
Evitar reaccionar	5	1	5	21,78***
Ponerlo en conocimiento de sus superiores	1	1	3	2,89*
Llevarlo en secreto	3	0	0	5.38**
Pedir asesoramiento a su sindicato	0	0	0	3,19*
Solicitar la baja laboral	0	0	1	0.88
Plantar cara	1	1	2	7.60***
Asumir calladamente las humillaciones	3	0	0	4,01*
Solicitar asesoramiento legal	0	0	2	5,53**
Acceder a las exigencias que se le impone	3	0	4	14,91***
Solicitar apoyo psicológico.	0	0	0	0,91
Asumir que es su responsabilidad, culpándose	0	0	1	3,45**

p<0,05;*p<0,01;***p<0.001

Tabla 6: Análisis de conglomerados de k- medias en el área de historia de (N= 65)

Centros de los conglomerados finales.HISTORIAS DE VIDA.

	Conglomerado				
	1	**2**	**3**	**4**	F
Educación severa/rígida	2	1.3	2	1	9.41***
Rigidos castigos en su infancia	2	1	2	1.2	4.42*
Ambiente sobreprotector en la familia	3.2	1.5	2	1.1	1.08
Malos tratos en la familia	1.5	1	14.3	1	8.72***
Abuso sexual o negligencia familiar	1	1	1	1	0.00
Pareja celosa o posesiva	1.5	2	1	1	0.47
Acceder a las demandas de su pareja	1.5	1.7	1	1	0.77
Malos tratos de su pareja	1.2	1	1	1	0.141
Abusos sexuales de su pareja	1	1	1	1	0.16
Hostigamientos en anteriores trabajos	1.1	2	1.3	1	5.30**
Aislamiento laboral anteriormente	1.2	1.7	4.3	1.1	43.34***
Coaccionamiento en anteriores trabajos	1.1	1.9	2	1.2	24.30***
Ambiente hostil en anteriores trabajos	1.2	1.9	4.3	1.1	30.40***

*p<0,05;**p<0,01;***p<0.001

A N E X O III.

(Organigrama)

A continuación presentamos el organigrama empresarial de la empresa de servicios informáticos Atos-Origin; empresa en la que se ha captado la muestra de participantes empleados dentro de nuestro estudio.

ORGANIGRAMA

ORGANIGRAMA PDF. DOBLE CLIK.lnk

REFERENCIAS.

- **NORMATIVAS SOBRE PREVENCIÓN DE RIESGOS LABORALES.**

- Ley de prevención de riesgos laborales 31/1995. http://www.ccoo.es/legislacion/ley31_1995.htm. Consultada el 22/03/2004.

-Reglamento de los Servicios de Prevención y modificación posterior .Real decreto 39/1997. http://www.mtas.es/insht/legislation/RD/rd39.htm. Consultada el 24/03/2004.

-Modificación posterior del reglamento de los servicios de prevención. 54/2003.   http://www.todalaley.com/mostrarLeyI1276p2tn.htm consultada el 30/03/2004

-Ley para promover la conciliación de la vida familiar y laboral de las personas trabajadoras. Ley 39/1999. http:// www.ccoo.es/legislacion/ley39_1999htm. Consultada el 10/04/2004

- **SALUD LABORAL, ESTRÉS Y MOBBING.**

- Barón Duque, M; Munduate Jaca , L ; Blanco Barea , M .J (2003) " *La espiral del mobbing*". Papeles de Psicólogo- Revista del Colegio Oficial de Psicólogos. Vol 23, nº 84 [enero/ abril] (71-82)

- Borrás Roca, L (2002) "El mobbing o acoso moral en el trabajo" Psicopatología clínica legal y forense. Vol 2 nº 2 (113-121)

- Frank,E; Dingle,A.(1999) *"Autoreportaje sobre depresión y suicidio en las mujeres médicos norteamericanas"*. American Psychiatric Journal vol. 12 (37-44)

- Fernández,R (2004) *"El Mobbing, o la mandíbula córnea de la sanguijuela"*. Agathos, Marzo- año 4. Edición trimestral. (44-51)

- González De Rivera Revuelta, J, L ; López García J. A. (2003) " *La valoración medico-legal del mobbing o acoso laboral*" Psiquis, vol 24, nº. 3 (pp 107-114)

- Invernizzi.G (2000). " *Nuevos conceptos en la psicología en las relaciones interpersonales e el trabajo. El caso llamado Mobbing*". News trends in Experimental and Clinical Psychiatric. Vol 16 (1-4)

- Kalhor, M& Amin (2000). *"El impacto del acoso sexual en las mujeres dentro de su trabajo: la autoestima como factor de resiliencia en el afrontamiento y la respuesta"*. The sciences and Engineening. Dec; vol 61 (5-B)

-Leymann,H(2000)*The Mobbing Encyclopaedia.* Por Heinz Leymann. http://www.leymann.se/English/61100 E.HTM consultada el 29/03/2004

- López Lamela, A. (2002). *"Depresión y situaciones depresógenas en el ámbito laboral"* Psicopatología nº. 22 vol 4 (213-233)

- Martín Daza, (2000)*Medidas preventivas en formación profesional sobre estrés laboral.* http://www.mtas.es/insh3/notaspracticas.htm   Consultada el 12/04/2004

- Martín Daza(2000) *El estrés: proceso de generación en el ámbito laboral* http://www.mtas.es/insht/ntp/ntp_318.htm. Consultada el 10/05/2004

- Martín Daza, F; Camps del Saz P; Pérez Bilbao, J, López García Silva, J. A (1996) *"Hostigamiento psicológico en el trabajo: El Mobbing" Salud y Trabajo*, nº 118 (10-14)

- Martinez Pecino, R (2003) *"Mobbing: una aproximación general al fenómeno"*. Apuntes de Psicología vol. 21 nº2 (329-337)

- Matud Aznar, M P; Carballeira Abella, M ; Marrero Quevedo R, Aguilera Ávila, L ; Moraza Pulla O, Pérez Trujillo, N . (2002) " *Características sociodemográficas y conductuales de los agresores a su pareja: un análisis a través del informe de las víctimas"*. Psicopatología clínica, legal y forense, vol. 2 nº 2 (5- 22).

- Minaya Lozano, G (2003) " *El mobbing. Una realidad Laboral"*. Informació Psicológica. Revista cuatrimestral del Colegio Oficial de Psicólogos e Valencia nº 81, Abril (43-54)

- Padial Ortiz, O ; De la Iglesia Marí, M (2002) " *El mobbing como enfermedad del trabajo*" Lan Harremanak nº 7 vol II (231- 240)

- Pardo Merino, A; Ruiz Díaz M. A (2002) *"Spss 11. Guía para el análisis de datos"*. Ed. Mc Graw Hill.

- Peris, M D. (2002) *"Fundamentos científicos en la defensa ante el mobbing"*. Lan Harremanak nº7, vol II (241-246)

- Petiziol, A (2002) " *El drama del mundo laboral : el mobbing*" Psicopatología, nº 22 vol 4 (201-212)

- Piñuel, I ; Oñate A. (2002) " *La incidencia del mobbing o acoso psicológico en el trabajo en España"*. *Resultados del barómetro Cisneros II ® sobre violencia en el entorno laboral*. Lan Harremanak nº 7 vol II (35-62)

- Piñuel I (2002)*Legislación e Informe Cisneros*.   http://www.mobbing.un/legislacion.htm. Consultada el 14/04/2004

- Quiroga Estévez, M . A ; Sánchez – López, M. P (1998). *Perspectivas actuales en la investigación psicológica de las diferencias individuales.* Editorial : Centro de Estudios Ramón Areces.

- Reyes Núñez, M. (2002) *Los servicios de prevención ante el acoso moral en el trabajo: Diagnóstico y prevención*" Lan Harremanak, nº 7 vol II (219-229)

- Rojas Marcos,L (1998). " *Las Semillas de la Violencia*" Ed: Espasa de Bolsillo.

- Rodríguez Folgar, G (2004) " *Desigualdad de salarios entre mujeres y hombres: el peso de la discriminación (1º parte)* en Boletín de información sociolaboral inernacional (MTAS: Ministerio de Trabajo y Asuntos sociales) nº 114 (39-48)

- Sánchez – López, M. P.(2003). *Mujer y Salud. Familia, trabajo y Sociedad.* Editorial Díaz de Santos

- Sebastian García, o (2001). *" Los riesgos psicosociales y su prvención: mobbing, estrés y otros problemas"*. Ministerio de Trabajo y Asuntos Sociales . Estudios e investigación http:// www.mtas.es/insht/research/POSebastian.htm. Consultada el 14/06/2004

- Stamati A (2004) " *Frst Survey of sexual harassment in the workplace"* traducido por J. Gómez de Barreda, para el Boletín de Información sociolaboral Internacional (MTAS: Ministerio de Trabajo y Asuntos Sociales) nº 113, (61-64)

- Vallejo – Nájera, J. A(2002) *" Ante la depresión"*. Capt 3 y 9. Editorial Planeta.

- Velásquez Fernández M (2005). *"Mobbing, violencia física y estrés en el trabajo"*. Ed: Gestión 2000. Planeta de Agostini Profesional y Formación.